La vie en maison de retraite

DU MÊME AUTEUR

Les personnes âgées en institution : vie ou survie
Seli Arslan Éditeur, 1997

Claudine Badey-Rodriguez

La vie en maison de retraite

Préface de Marie de Hennezel

Albin Michel

Ouvrage publié sous la direction
de Mahaut-Mathilde Nobécourt

À André,
avec qui l'ordinaire
a toujours un petit air d'extraordinaire.
À Arlette,
ce livre comme un drapeau au sommet de
l'Himalaya enfin atteint,
symbole d'une réussite
si chaleureusement accompagnée.
Désormais, l'horizon nous appartient...
Au fil de la vie,
l'aventure continue.

Préface

S'il est une question qui nous concerne tous, c'est bien celle des conditions dans lesquelles nous vivrons nos dernières années. Où et comment ? Nous y pensons sans doute pour nos aînés. Et puis, un jour notre tour viendra.

La vie dans une maison de retraite apparaît souvent, au premier abord, comme terrifiante. On évite d'y penser. Le grand âge, le handicap, la dépendance, la démence, la mort font partie des réalités de la vie que nous refusons. Pourtant, au cœur même de cette réalité difficile, se vivent des moments de vraie humanité. Des petits riens d'attention, de tendresse et de joie qui donnent à ces lieux qui nous font si peur leur magie propre. Claudine Badey-Rodriguez travaille depuis plusieurs années en maison de retraite comme psychologue. Elle connaît ce qui s'y vit, de l'intérieur. Avec sensibilité et finesse, elle nous fait partager son expérience. Une expérience honnête, qui ne masque pas les souffrances, ni la complexité des enjeux. Même si elle est convaincue que la qualité de vie dans les maisons de retraite progressera, il faudra encore beaucoup de temps et d'efforts pour humaniser la fin de la vie. Il faudra encore beaucoup de personnes – médecins, soignants, psychologues – pour oser, comme elle le fait, « bousculer l'institution et la mettre en déséquilibre » afin de la faire avancer. Vous ne lirez donc pas, ici, un rapport idéalisé sur la manière dont notre société pourrait prendre soin des personnes âgées, ni un plaidoyer pour une maison de retraite modèle. Non, le propos de Claudine Badey-Rodriguez est bien plus intéressant. À travers le récit de la vie toute simple au quotidien, des bruissements de la vie affective, des émotions partagées, on découvre que la solitude et l'ennui, si présents dans « cet autre monde », peuvent être traversés par un geste, un regard, une parole qui touchent. Ce sont ces petits miracles au quotidien, tellement justes, qui nous émeuvent dans ce livre. Nous savons bien que les institutions ne peuvent pas s'adapter au rythme, aux besoins, aux habitudes de chacun. Elles ont leurs pesanteurs et leurs rigidités. Mais, en lisant ce livre, nous découvrons ce qui reste possible, à condition que les soignants soient eux-mêmes traités comme des personnes humaines, soutenus, accompagnés dans leur affectivité. Il s'agit d'un travail de proximité, difficile, humble, mais aussi combien gratifiant. Par exemple, maintenir la communication, même avec ceux qui semblent être déjà ailleurs, désorientés ou déments. Car c'est la communication qui nous fait être humains. Combien d'entre nous sont encore persuadés qu'il n'y a plus d'échange possible avec une personne démente ? On nous invite ici à changer de regard. « J'ai pu observer maintes fois, nous dit l'auteur, combien la personne, si détériorée soit-elle, entend, commente éventuellement ce qui est dit, est présente d'une certaine façon dans l'échange qui la concerne. » La personne démente sent, son affectivité est vivante. Elle est perméable aux messages que nous lui adressons, au moins de façon non verbale. Changer de regard, c'est aussi changer d'attitude. L'enjeu est de taille, puisqu'il s'agit de préserver l'humanité et la dignité d'une personne. Le travail de proximité, c'est aussi un défi permanent : dénicher la vie là où elle s'est blottie, là où elle existe encore. Ce n'est pas, comme on le croit encore, organiser des distractions, injecter de la vie de l'extérieur, « avec des flonflons et des faux-semblants de fêtes ». C'est s'ingénier à trouver les petites choses qui peuvent encore faire naître un peu de plaisir et de vie. « Avec les personnes très âgées, nous n'avons pas d'autre choix que de jouer aux pêcheurs de vie avec nos épuisettes à petits bonheurs. L'essentiel de notre travail consiste peut-être à surprendre les gens avec ce qu'ils n'osent même plus espérer. » Avec un langage vrai, accessible à tous, Claudine Badey-Rodriguez réussit, en effet, à nous surprendre là où nous n'osons même plus espérer.

Marie de Hennezel

Introduction

Qui aurait pu me dire, il y a une quinzaine d'années, que je travaillerais un jour en maison de retraite ? Je me souviens d'une amie, alors directrice d'un établissement, à qui je disais régulièrement lors de mes visites : « Mais comment fais-tu ? » Cette interrogation était le reflet à peine voilé d'une inquiétude, d'une angoisse face à ce qui m'apparaissait alors comme la découverte de la progressive négation de la vie attachée à l'avance en âge. J'en étais encore au mythe de l'âge d'or, à la représentation de ces personnes âgées au visage auréolé d'une chevelure d'un blanc cotonneux, souriantes, le regard pétillant de vie, dynamiques, entourées d'une joyeuse bande de petits-enfants, pouvant enfin prendre le temps de réaliser tout ce qu'elles n'avaient pas pu faire durant leur vie professionnelle. Avec la complicité de la société et des médias, je m'étais construit l'image d'une vieillesse sans douleur, ni invalidité, ni déchéance, représentation aseptisée qui niait des pans entiers de la réalité.

Aussi étonnant que cela puisse paraître, mes études de psychologue ne m'avaient pas permis de sortir du lot commun des croyances en matière de grand âge, la gérontologie étant alors une discipline totalement ignorée tout au long du cursus de formation des psychologues cliniciens.

Moi qui rêvais d'une vieillesse « à la Denise Grey », quel ne fut pas le choc que je ressentis la première fois que je pénétrai dans la maison de retraite dirigée par mon amie. Certes, des résidants avaient la belle chevelure toute blanche de ces personnes dites âgées que l'on voit dans les films ou les publicités ; ils arboraient un joli sourire pour saluer cette inconnue que j'étais et qui passait dans le hall d'entrée ; j'en rencontrai d'autres qui partaient en promenade ou qui semblaient tranquillement plongés dans une lecture passionnante. Images de ces beaux et bons vieux que l'on prend plaisir à regarder, à écouter, riches de leur expérience et de leur sagesse, porteurs et « passeurs » de l'histoire, pas celle des historiens, mais celle qu'on ne trouve pas dans les livres, l'histoire de la vie quotidienne et de l'aventure humaine au fil de notre siècle.

Mais je découvrais parallèlement d'autres réalités : des vieillards alignés dans leurs fauteuils, silencieux, le regard perdu dans le vague, visage et corps inertes dont la vie semblait s'être envolée pour laisser la place à un état quasi végétatif. Un profond ennui semblait se dégager de ce que je n'arrivais même pas à nommer un groupe, tant l'isolement de chacun semblait intense ; sensation d'une attente interminable, sans objet, si ce n'est la mort.

Plus je progressais dans ma visite, plus la vérité nue et crue du grand âge s'imposait à ma vue et à ma conscience, et plus l'angoisse s'emparait de moi. Fauteuils roulants abritant des corps invalides, recroquevillés sur eux-mêmes, vieillards au visage et aux membres déformés, bouches édentées, hurlements perçant régulièrement le silence pesant, déments déambulant dans les couloirs, perdus dans leur monologue en boucle sans fin, questions identiques indéfiniment répétées à une personne invisible, personnes âgées vêtues toute la journée d'une robe de chambre, comme déjà partiellement englouties dans une nuit éternelle.

Je découvrais ainsi toutes les personnes âgées qu'on ne montre pas, les indésirables, celles qui suscitent l'angoisse et le rejet, celles dont on se demande à voix basse, sans oser toujours l'avouer, pourquoi on s'acharne à les faire vivre ou survivre. J'ai eu une arrière-grand-mère qui a fini sa vie démente (à l'époque, on m'avait dit qu'elle « perdait la tête »), mais cela n'était plus qu'un vague souvenir et, dans mon esprit, son cas devait faire partie de quelques rares exceptions.

Le souvenir de cette première visite m'aide aujourd'hui à mieux comprendre la réaction de certains visiteurs pénétrant pour la première fois dans une maison de retraite, du type de celles dans lesquelles je travaille et qui sont fortement médicalisées. En effet, les progrès du maintien à domicile ont pour pendant l'entrée de plus en plus tardive en institution, et donc une plus grande dépendance de la population accueillie dans ces établissements.

Cette découverte du grand âge et de la dépendance représente souvent, comme dans mon expérience, un choc, une confrontation brutale à la dégradation, à la douleur, au handicap et à une image effrayante du vieillissement. L'intensité de la réaction est à la mesure de la valeur négative attribuée à la vieillesse dans notre société et du tabou de la mort. Elle témoigne également de la dénégation qui caractérise la relation que chacun entretient avec son propre vieillissement. C'est notre possible devenir qui nous est ainsi projeté brusquement devant les yeux et qui suscite l'angoisse traduite dans des remarques comme : « Pourvu que je ne devienne pas comme ça. Plutôt mourir. »

Aujourd'hui, c'est souvent à moi que certaines

personnes disent : « Comment faites-vous pour travailler ici ? Ce n'est pas trop dur ? Vous arrivez à garder le moral ? »

Image de la gérontologie, secteur professionnel où l'on ne pourrait travailler que pour deux raisons : soit parce qu'on a été frappé par la grâce d'une sainte vocation, soit parce qu'on a été mis sur une voie de garage, trop mauvais soignant pour travailler dans un secteur de soins plus valorisant et plus actif, la gériatrie ayant été pendant longtemps perçue comme le parent pauvre des secteurs de soins.

Il est vrai que lorsqu'on pénètre dans une maison de retraite, on peut avoir l'impression de franchir la porte d'un autre monde. Il est vrai que l'on peut se sentir dans un ailleurs, tellement les lieux, les visages, le climat qui y règne diffèrent de notre contexte de vie habituel, voire de l'image que l'on se fait de la vie elle-même. Est-ce pour autant qu'à défaut d'être dans un mouroir, la réalité ayant évolué, nous serions dans l'antichambre de la mort ? Est-ce pour autant que, pour le personnel, il n'y aurait pas d'autre alternative que l'établissement pour personnes âgées, lieu d'apostolat au sein duquel les soignants ne trouveraient aucune gratification, ou bien lieu de perdition, de punition que l'on n'a pas choisi ?

C'est précisément pour répondre à la question que je me suis d'abord posée moi-même un jour et qu'aujourd'hui on me pose si souvent, que j'ai eu envie d'écrire ce livre.

Essayer de raconter mon expérience personnelle : comment je fais pour travailler au quotidien avec le grand âge, la dépendance, la démence et la mort, et pour garder en même temps optimisme, motivation et dynamisme. Vous dire que l'expérience du travail auprès des personnes âgées remet en cause la perspective négative que j'ai décrite plus haut. Clamer haut et fort que l'accompagnement de la grande vieillesse, la rencontre de toutes ces vies qui arrivent à leur terme peuvent nous permettre de vivre la nôtre un peu plus en profondeur, que le travail en gérontologie, même s'il est difficile, est source de gratifications. Vous raconter toutes ces petites choses partagées qui font certains grands moments de la vie. Mon envie est d'écrire autre chose qu'une réflexion théorique pour raconter le vécu, l'émotion du quotidien à l'état brut.

Sans doute cela correspond-il à une évolution dans ma vie, à des événements personnels qui poussent à envisager, un jour, les choses sous un autre angle, avec un œil neuf et une perception affinée.

Lorsqu'on travaille auprès des personnes âgées, il est fréquent d'entendre : « Je n'ai pas eu une belle vie, je n'ai pas eu de chance, je ne referais pas les choses de la même façon », ou bien : « Profitez-en, vraiment, vous savez, la vie passe si vite... » Petit à petit s'ancre alors en soi l'intense désir de profiter de chaque instant, la conviction qu'il n'y a pas de destin tracé d'avance, qu'il n'appartient qu'à soi de choisir sa vie, mois après mois, jour après jour, heure après heure, minute après minute... On ne sait jamais ce qui peut arriver dans cet infime instant qui sépare deux minutes ! Alors, cette vie-là, dont on ne dispose qu'une fois (c'est du moins ma croyance !), j'ai décidé d'essayer de me la rendre la plus belle possible.

Il se trouve aussi qu'une partie de la journée correspondant à mon temps de travail, je m'attache, très modestement, à rendre, avec d'autres professionnels, cette vie un tout petit peu plus belle pour les autres. Ne me trouvez pas trop prétentieuse ou trop ambitieuse : le beau n'est pas forcément dans l'éclatant, le retentissant, l'extraordinaire, la grandeur, l'exceptionnel... Sans doute le savez-vous déjà ! Mais si vous avez besoin d'en être convaincu, vous pouvez vous référer à Philippe Delerm et à sa *Première Gorgée de bière et autres plaisirs minuscules* et trouver, pour vous-même, tous ces petits riens qui procurent de si grands plaisirs ! Les temps sont au minimalisme, profitons-en, cela a du bon !

Mon premier livre comprenait des éléments pouvant contribuer à la réflexion sur ce que l'on appelle communément les projets de vie. Aujourd'hui, ce que j'ai envie d'écrire, ce n'est pas de l'ordre du projet, mais de l'ordre de la vie tout court, la vie toute simple, toute nue, toute belle, comme elle sait l'être quand on peut la dénicher là où on s'attend le moins à la trouver, dans un lieu où la dépendance, le handicap, la démence, la mort, viennent souvent recouvrir de leur linceul de souffrance, de peur, de résonances intimes, la moindre petite manifestation, le moindre sursaut de joie, de bonne humeur, de vie.

Parler de la vie dans ces maisons de retraite où, au premier abord, on croit si souvent qu'il y en a si peu. La vie telle qu'elle est : parfois difficile, parfois pétillante, souvent triste et dure en ces lieux, je vous l'accorde, parfois gaie, parfois douce, immobile ou animée, sombre ou lumineuse..., somme toute humaine, tellement humaine. J'ai eu envie de mettre des mots sur des instants furtifs, des sensations, des émotions vécues au quotidien avec les personnes âgées et le personnel des établissements dans lesquels j'interviens.

J'ai éprouvé le besoin de donner forme et consistance à l'aventure de l'interrogation permanente sur soi-même, sa vie, son histoire, que suscite la rencontre des personnes âgées en institution.

J'ai voulu que mon écriture tente de refléter la richesse de cette vie en apparence si discrète, en vous parlant de ce qui est grave, comme de ce qui fait sourire parfois ou rire franchement, en mettant, de temps à autre, une note d'humour et de légèreté là où il y a trop souvent de pesanteur et de lourdeur.

Après avoir, dans mon premier ouvrage, apporté ma modeste contribution à la réflexion gérontologique, j'ai souhaité articuler différemment savoir et vécu profond, perception-sensation et connaissance, avec une écriture qui n'est plus mise à distance, mais rapprochement. Ma seule ambition est d'arriver à donner à lire une écriture douce et piquante, affectueuse et provocatrice, gaie et nostalgique, rieuse et caustique, pour parler de ces lieux dans lesquels vivent certains de nos aînés et où la désespérance peut côtoyer les plus folles illusions.

J'ai perdu la tête

« Il se sentait si seul dans ce désert que parfois il marchait à reculons pour voir quelques traces devant lui. »

Hortense Vlou

Aujourd'hui, c'est fête : ma famille a décidé de m'emmener en promenade. On me fait belle, on m'enfile une jolie robe ; c'est que ça fait longtemps que je ne suis pas sortie. La dernière fois, je suis allée faire mes courses ; et puis je ne sais pas ce qui m'est arrivé : à dix heures du soir, il faisait nuit, et j'étais encore dehors ; j'avais beaucoup marché et je ne savais plus exactement où était ma maison. Pourtant, ça fait vingt ans que j'habite au même endroit. Alors on m'a emmenée à l'hôpital. Et après, je suis revenue ici. Depuis, une dame vient tous les jours faire mon ménage et préparer mes repas. Je ne sais pas pourquoi. Elle est bien gentille, c'est pas le problème, mais moi, je sais encore m'occuper de ma maison et me faire à manger.

Depuis, mes enfants n'arrêtent pas de me dire que je ne peux plus rester toute seule, que, soi-disant, je ne mange plus, que je reste au lit toute la journée, que je risque de tomber ! Je ne sais pas où ils vont chercher tout ça, c'est pas vrai !

Ils me disent que je devrais aller en maison de retraite, que ça serait plus sûr, que je ne serais plus seule et qu'ils viendraient me voir souvent. Mais moi, je ne veux pas, je suis bien toute seule ; et puis c'est mon chez-moi, et c'est là que j'ai vécu avec mon Lucien pendant longtemps, et qu'il m'a quittée un matin d'automne... Je ne sais plus vraiment en quelle année c'était. Il était déjà malade depuis longtemps.

Parfois, j'ai l'impression de perdre un peu la mémoire. Je ne sais plus où j'ai rangé la confiture, je ne sais plus si on est au mois de mars ou au mois de septembre, je mélange un peu les prénoms de mes enfants et de mes petits-enfants.

Mais bon, aujourd'hui, je vais faire une jolie promenade. Mes enfants sont là, nous sommes prêts à partir.

C'est curieux, en quittant ma maison, j'ai une drôle de sensation. Mes enfants ont l'air aussi un peu bizarre, mal à l'aise. Je dois sûrement me faire des idées ; depuis que je me suis perdue, je m'inquiète facilement.

On suit une jolie route qui nous conduit dans un village très mignon. C'est ici que ma fille propose qu'on s'arrête. On va marcher un peu. Tiens, il y a même un centre de convalescence ; ma fille propose qu'on aille le visiter. C'est bizarre, ça, il me semble que c'est plutôt les églises qu'on visite dans les villages. On entre : c'est assez joli, très propre ; il y a même une cafétéria où on peut boire un thé. C'est étrange, il n'y a que des vieux dans cette maison ; je croyais que dans une maison de convalescence il y avait des personnes de n'importe quel âge. Peut-être que je ne me souviens pas bien ; après tout, je ne suis jamais allée de ma vie dans un centre de convalescence... et puis ma mémoire n'est plus ce qu'elle était.

Tiens, voilà une dame qui s'approche de nous et nous dit bonjour ; elle est habillée en blanc, comme dans les hôpitaux. Ils ont l'air gentil avec les malades ici.

Mon fils me demande si ça me plairait de venir là quelque temps. Je ne vois vraiment pas pourquoi il me pose cette question. Et ma fille qui s'y met aussi :

– Tu serais bien ici pour te refaire une santé. Regarde, il y a des personnes avec lesquelles tu pourrais causer, jouer aux cartes.

Mais qu'est-ce qu'elle me raconte ? Je n'ai pas besoin de gens avec qui parler. J'ai la dame qui vient me faire le ménage, elle est très gentille ; et ma voisine, elle, elle est toujours là si j'ai besoin. J'ai aussi ma Minette, elle me tient bonne compagnie, et elle vient toujours sur mon lit le soir, et elle ronronne.

– Tiens, viens, on va visiter la maison et voir les chambres.

Vraiment, ils insistent. J'ai pas besoin de voir les chambres, je sais à quoi ça ressemble une chambre d'hôpital ! Bon, enfin, si ça peut leur faire plaisir ! Mon Dieu, que c'est grand ! Ces couloirs, ils sont immenses ! Ah, voilà une chambre. Tiens, celle-là, il n'y a personne dedans.

– Tu as vu comme elles sont jolies, les chambres ? Il y a du soleil et tu as une vue superbe sur le village et la vallée.

Comment ça, j'ai une vue superbe sur le village et la vallée ? C'est pas moi qui suis dans cette chambre. Ils doivent sûrement dire ça pour le nouveau malade qui va arriver.

Une dame en blanc arrive dans la chambre :

– Bonjour, madame Rodriguez, je suis Fabienne Durand, la surveillante.

Ah ben voilà qu'elle connaît même mon nom sans me l'avoir demandé ! Peut-être est-ce qu'elle me prend pour l'autre malade qui doit arriver... Des Rodriguez, il y en a beaucoup... Mais d'ailleurs, Rodriguez, c'est bizarre, ça, je m'appelais pas Badey ? Oui, c'est ça, elle se trompe, vous savez, avec ma mémoire qui me joue des tours, j'ai des doutes, je mélange un peu tout, mais moi je m'appelle Badey.

– Non, madame, mon nom c'est Badey !

– Mais enfin, Maman, Badey, c'est ton nom de jeune fille ; après, lorsque tu t'es mariée avec Papa, tu t'es appelée Rodriguez.

Qu'est-ce qu'il me raconte là mon fils ? Ah oui, mon pauvre Lucien, mon mari, mais maintenant il est mort... De toute façon, c'est pareil, elle se trompe, c'est pas moi qu'on attend là. Moi, il n'y a que ma Mimine qui m'attend.

– Vous allez être très bien dans cette chambre, c'est une des plus grandes et des mieux exposées de la maison ; et vous allez voir, le personnel est très gentil.

Alors là, je n'y comprends plus rien. Je ne suis pas malade, j'ai un appartement. Peut-être que c'est ma pauvre tête qui ne va pas bien, et que j'ai mal compris. Mais attendez, il y a mon fils et ma fille qui sont en train de parler avec la dame ; ils doivent lui dire qu'elle fait une erreur, que nous, on est juste venus faire une petite promenade.

– Elle ne peut plus rester chez elle : elle ne se fait plus à manger, elle est perdue ; la dernière fois qu'elle est sortie, elle n'a pas su retrouver où elle habitait ; elle ne veut pas prendre ses médicaments ; en plus, elle a des vertiges, on a peur qu'elle tombe la nuit et qu'elle n'arrive pas à se relever. Nous sommes inquiets de la laisser seule chez elle ; il faut que quelqu'un s'occupe d'elle en permanence.

– Ça fait longtemps qu'elle est désorientée ?

– Ça a commencé il y a trois ans, et ça s'est aggravé après le décès de notre père.

Mais qu'est-ce que c'est que cette histoire ? De qui parlent-ils ? Ils parlent d'une dame « désorientée ». J'ai jamais entendu ce mot-là... Qu'est-ce que ça veut dire ?

– Lui avez-vous parlé de son placement ici ?

– Non, on a préféré ne pas le faire parce qu'elle

aurait refusé. De toute façon, ça n'aurait servi à rien parce qu'elle oublie un quart d'heure après ce qu'on lui a dit. Elle ne se souvient de rien. Elle est incapable de se rappeler ce qui s'est passé le matin même ou la veille. Par contre, elle se souvient bien de sa vie passée.

– Oui, c'est classique, c'est la mémoire récente qui est d'abord atteinte. Ne vous inquiétez pas, on va bien s'occuper d'elle, elle va être très bien ici, n'est-ce pas, madame Rodriguez ?

Ça commence à vraiment m'inquiéter tout ça... Ils parlent d'une dame qui va venir ici, comme si je la connaissais, mais je ne sais même pas de qui ils parlent. Je sais simplement qu'elle s'appelle comme moi, on dirait.

– Oui, Maman, tu vas rester ici quelque temps. On a pensé que ça serait mieux pour toi, que tu serais plus en sécurité.

Quoi ? Moi ? Rester ici ? Mais il n'en est pas question ! Je leur ai pourtant bien déjà dit. De quoi ils se mêlent tous ?

– Non, non, je ne viendrai pas ici, je suis bien à la maison.

– Mais enfin, Maman, tu sais bien que tu ne peux plus rester toute seule. C'est juste pour quelques semaines, après tu pourras retourner chez toi.

– Dites tout de suite que je suis folle, je peux très bien rester chez moi. De toute façon, ça suffit, j'en ai assez ; allez, on s'en va, je suis fatiguée, je veux rentrer.

– Ben écoute, Maman... on ne te l'a pas dit avant pour ne pas t'inquiéter, mais tu vas rester ici parce que nous, on ne peut pas s'occuper tout le temps de toi.

– Non, non, on rentre à la maison !

– Ce n'est pas possible, on a réservé ta place à partir d'aujourd'hui ; tu vois bien, tout le monde t'attend gentiment ici.

Alors là ! J'en ai le bec cloué ! Ils ne m'ont quand même pas fait une chose pareille ! En plus, je ne peux pas rester, je n'ai rien pris, je n'ai pas d'affaires. Et ma Mimine, qui va s'en occuper ? De toute façon, il est hors de question que je reste ici.

Tiens, voilà mon fils qui s'était absenté un moment ; je croyais qu'il était allé aux toilettes, mais il revient avec une valise à la main. D'où est-ce qu'elle sort, celle-là ? Mais... mais... c'est ma valise ! Celle que je prenais quand je partais avec mon Lucien. C'est pas possible, je dois vraiment perdre la mémoire ; comment est-ce qu'ils l'auraient prise, on est partis sans rien !

– Tiens, voilà tes affaires, et on te rapportera après tout ce dont tu as besoin. Si tu veux, on pourra même t'apporter ta télé et puis quelques photos que tu pourras mettre dans ta chambre.

J'ai la colère qui me fait trembler, je ne trouve plus mes mots... C'est eux qui vont me faire perdre la tête. De quel droit mes propres enfants me font-ils ça ? Ils vont quand même pas m'abandonner dans cette maison... Je sentais bien qu'ils voulaient se débarrasser de moi... Depuis le début, ils veulent me foutre à l'hôpital et m'y laisser, comme ça, eux ils seront tranquilles ! Je suis sûre que ma vieille bique de belle-fille a tout manigancé ; et comme ma fille ne pense qu'à partir en voyage et à s'occuper de son club de scrabble, ça doit bien l'arranger ! Ils n'ont qu'à me laisser toute seule chez moi, je veux mourir chez moi. C'est bien la peine de s'occuper de ses enfants pendant des années pour qu'ils vous expédient du jour au lendemain dans une maison.

– Si vous me laissez là, je me jette par la fenêtre.

– Mais, Maman, c'est juste pour quelque temps.

– Je m'en fiche, moi, je ne veux pas rester là, même pas un jour, je vais me foutre par la fenêtre.

Ça n'a pas l'air de les démonter ce que je dis là, mais ils vont bien voir !

Je me sens fatiguée, épuisée, j'ai la tête dans le brouillard, je ne comprends plus rien, il s'est passé tant de choses depuis que je suis partie de la maison. J'ai la rage, mais j'ai plus la force, je suis trop vieille ; ils m'ont fichu un sacré coup ! Qu'est-ce que je vais devenir ? J'aurais jamais pensé ça de mes enfants. C'est le docteur qui a dû aussi leur monter la tête ; celui-là, je le connais depuis quinze ans, et depuis un moment, il arrêtait pas de me dire qu'il fallait que j'aille dans une maison de retraite... Faux-jeton, va ! Comme je ne voulais pas, il a dû en parler à mes enfants.

J'ai les jambes qui tremblent, la tête qui tourne, la gorge serrée ; je m'assois sur le lit. Mon fils et ma fille rangent mes affaires dans une armoire. Je me demande bien quand c'est qu'ils ont préparé tout ça. J'ai même pas envie de pleurer ; si j'avais la force, je m'échapperais. Dès que je peux, je m'en vais, ils verront bien.

Et ma Minette, ma pauvre Minette...

Il fait pas bon devenir vieux. Mon Lucien, si tu étais resté avec moi au moins... On était bien tous les deux. Avec toi, ils auraient pas osé, tu les aurais vite remis à leur place, et comme ils te craignaient... Me faire ça à moi, leur mère ! De mon temps, jamais on aurait mis ses parents dans une maison. On les prenait avec soi, et on s'en occupait jusqu'à la fin. Pendant sept ans, j'ai gardé ma maman. Jamais je l'aurais laissée. Je sais bien que des fois je perds un peu la mémoire, je ne sais plus trop où je suis ; mais qu'est-ce que ça peut leur faire ? On ne fait pas ça à quelqu'un de 88 ans comme moi. Ils veulent me mettre dans la tombe ; comme ça, je rejoindrai Lucien, et ma pauvre sœur, et mes parents. Eux, au moins, ils m'aimaient.

Je les vois parler avec les dames de l'étage, ça doit être des infirmières. C'est immense ici, je sais même pas combien il y a d'étages, je ne vais jamais m'y retrouver.

Mes enfants reviennent me dire au revoir. Ma fille me dit qu'elle viendra me voir demain. Je m'en fous, demain, je ne serai peut-être plus là ; de toute façon, je ne les crois plus, après ce qu'ils m'ont fait ! « Viens, on va faire une jolie promenade. » Tu parles ! Et maintenant, me voilà ici !

Je reste assise dans le fauteuil de ma chambre, ma pauvre tête me fait mal. Je ne sais même plus quel jour on est. Je connais même pas le nom du village où je suis.

Une nouvelle infirmière entre dans ma chambre : « Bonjour, Mamie ! », et elle prend toutes mes affaires que ma fille a rangées dans l'armoire. Pourquoi elle m'appelle Mamie, celle-là ? C'est pas ma petite-fille, je la reconnaîtrais, quand même ! Et puis, ma petite Hélène, ah non, je crois que je confonds, Hélène, ça doit être ma fille, ma petite-fille, c'est Valérie, je crois, enfin je ne sais plus ; ma Valérie, elle m'embrasse quand elle vient me voir. Je dois devenir complètement folle.

– On va marquer tout votre linge, Mamie, et après on vous le rapportera.

En plus, elle insiste... Elle me confond peut-être avec sa grand-mère ? Et puis elle me prend toutes mes affaires. Je suis quand même pas en prison. Demain, je n'aurai plus rien à me mettre, je ne pourrai même pas changer mes bas.

Une autre dame arrive un peu après. Elle, elle n'a pas de tenue d'hôpital ni de blouse. Elle me dit qu'elle est, je sais plus quoi, « spychologue » je crois, ou quelque chose comme ça. Avec des mots pareils, comment voulez-vous qu'on ne perde pas la tête ? Elle a l'air gentille, mais moi je lui dis que j'ai pas besoin d'elle parce que je ne suis pas folle. Elle me parle un petit moment, je veux pas la vexer, alors je lui cause un peu. J'en profite pour lui dire que mes enfants m'ont lâchement abandonnée ici, que, de toute façon, je ne resterai pas, et que si on m'oblige à rester, je me jetterai par la fenêtre. Finalement, ça me fait du bien de me mettre un peu en colère. Et puis comme ça, ici, ils seront fixés. Si on m'oblige à rester, je trouverai bien un moyen de leur faire comprendre que je ne veux pas. Tiens, j'ai une autre idée, je peux aussi m'arrêter de manger. On va bien voir qui a le dernier mot !

Elle n'est pas partie qu'une autre employée arrive :

– Allez, madame Rodriguez, on va manger !

Alors elle, elle m'appelle par mon nom. J'y comprends rien. Pourquoi l'autre m'a appelée Mamie ? Peut être qu'elle est de ma famille et que je ne l'ai pas reconnue ? Il faudra quand même que je lui demande. Et celle-là qui me dit : « On va manger »... Je ne la connais même pas et on va manger ensemble ? Et attendez, j'ai bu le thé y a même pas une heure, je vais pas déjà manger !

– Quelle heure est-il ?

– Cinq heures et demie.

– Cinq heures et demie ! Mais moi je mange pas à cinq heures et demie !

– Ici, le repas est à six heures moins le quart.

J'ai le temps de rien dire d'autre qu'elle m'a déjà pris par la main et qu'elle m'emmène avec elle, ou plutôt elle me tire derrière elle. Je marche sans doute pas assez vite pour elle, alors elle est au moins un mètre devant moi. Et ce couloir qui n'en finit pas... Je ne sais même pas où on est.

– Voilà le réfectoire !

Tiens, elle appelle ça le réfectoire, comme dans le pensionnat où j'allais quand j'étais petite. C'est vrai qu'il y a beaucoup de monde là-dedans. Que des vieux ! Ça doit être un centre de convalescence que pour les vieux. L'infirmière m'amène à une table.

– Voilà, c'est ici qu'on va vous installer pour manger.

Ah bon, je peux même pas me mettre où je veux ? Moi qui n'ai plus de mémoire, s'il faut en plus que je me souvienne au milieu de toutes ces tables où je dois m'asseoir... Ça me plaît pas cette place, je suis trop près de la fenêtre et de la porte d'entrée, il y a un courant d'air et je supporte pas les courants d'air, ça me donne des angines. Et cette dame qu'ils m'ont mise en face de moi, elle a une tête qui me revient pas. Moi, c'est comme ça, au premier coup d'œil, les gens, ils me plaisent ou ils ne me plaisent pas. Eh ben, c'est mal tombé, parce que elle, elle ne me plaît pas. Je vous dis que je ne vais pas rester ici. Le monsieur à côté, il ouvre pas la bouche. Et l'autre dame, elle mange salement, elle s'en met partout. Je sais pas, mais chez moi, on était bien élevés. Il aurait jamais fallu mettre les coudes sur la table... et là, ça crache, ça mange avec les doigts. Beurk ! Déjà que je ne voulais pas manger, mais alors là, pas question !

Et comment je vais faire pour retrouver ma chambre après ? J'ai bien regardé le numéro avant de partir, mais j'ai déjà oublié. C'est compliqué ces numéros de chambre avec trois chiffres, c'est trop dur pour ma pauvre tête. Je sais même plus à quel étage on est ici et si ma chambre est au même étage. Oh là là, ça commence à m'inquiéter... J'espère qu'on ne me laissera pas toute seule ici. Chez moi, je savais au moins où étaient les pièces. Et mes enfants, ces imbéciles, qui avaient peur que je tombe dans mon petit appartement. Au moins, je me reconnaissais. Je sais pas comment je vais faire. Je sais même pas à qui demander.

Voilà encore une dame qui arrive. Elle fait le service. Ça fait vraiment beaucoup de monde. Le personnel a l'air nombreux ici. Je me souviens même plus qui j'ai déjà vu. Y a quelque chose d'écrit sur leur blouse, je crois que c'est leur nom, mais c'est trop petit, comment voulez-vous que j'arrive à lire ? Ils croient que nous les vieux, on a encore nos yeux de vingt ans. Oh, puis de toute façon, je perds la tête, alors je m'en souviendrais même pas. Mais quand même, si c'était plus gros, je pourrais regarder discrètement quand elles sont près de moi.

– Et cette mémé, qu'est-ce qu'elle veut ? De la soupe ou des carottes râpées ?

Il doit y en avoir une autre qui a sa grand-mère ici. Y a personne qui répond. C'est curieux parce que, en plus, cette dame me regarde. Mais je sais pas moi où elle est sa mémé et ce qu'elle veut manger.

– Alors, mémé, qu'est-ce que vous voulez ?

Elle me regarde toujours. Elle est vraiment bizarre, cette maison.

– Bon ben, je vous donne un peu de soupe, ça vous fera du bien !

Elle me sert une assiette de soupe, et elle s'en va vers la table suivante. J'ai encore rien compris. Et de la soupe à six heures du soir, je leur ai dit que j'en veux pas !

J'attends la fin du repas. La dame qui cherchait sa mémé repasse. Cette fois, elle me parle à moi :

– Vous venez d'arriver, ça doit être pour ça que vous n'avez pas faim. Mais demain, il faudra mieux manger, parce que sinon, vous allez maigrir.

Et alors, qu'est-ce que ça peut lui faire que je maigrisse ou pas ? Au moins, j'en finirai plus vite.

Heureusement, à la fin du repas, une dame vient me chercher pour me raccompagner dans ma chambre. Je suis bien soulagée ! Elle est très gentille, elle me prend doucement la main, elle a l'air de me comprendre un peu, elle. J'essaie de bien regarder par où elle passe pour m'en rappeler, mais ça va être dur !

Elle s'en va ; j'attends ; je sais même pas l'heure qu'il est. Ma montre ne doit pas marcher parce qu'elle marque six heures et demie. C'est pas possible qu'il soit si tôt. J'ai même pas de télé et il n'y a pas de pendule.

Ah, j'entends des pas dans le couloir. Une dame entre.

– Allez, Mamie, je vais t'aider à te déshabiller et à te mettre au lit.

Celle-là, je la reconnais, c'est celle qui me prend pour

sa grand-mère. Maintenant, en plus, elle me tutoie. Elle doit vraiment me connaître d'avant... mais alors c'est que je perds vraiment la boule.

– Viens, Mamie, je vais te mettre une couche pour la nuit.

Quoi, une couche ? C'est moi qui ai mis des couches à mes petits-enfants, pas l'inverse !

Elle arrive avec un grand truc, comme une serviette hygiénique, mais en plus grand. Ça fait longtemps que j'ai plus mes règles, enfin je crois, parce que je ne sais même plus quel âge j'ai. C'est horrible de vieillir comme ça. Peut-être que ça peut revenir les règles, ça doit être pour ça qu'elle veut me mettre cette espèce de truc. Bon, je dis rien, peut-être que c'est le docteur qui a dit de le faire. C'est curieux, ces serviettes, de mon temps, elles étaient en tissu et elles étaient pas aussi grandes. Ouh, ça tient chaud, je suis pas très bien là-dedans. Je demanderai au docteur demain, il doit bien y en avoir un dans un centre comme ça.

Elle cause un peu avec moi, me demande d'où je viens, si j'ai des enfants (oh que oui j'ai des enfants, mais en ce moment, c'est comme si j'en avais pas). Ça me fait plaisir qu'elle s'intéresse un peu à moi. Peut-être qu'elle m'appelle Mamie parce qu'elle a plus sa grand-mère et que je lui rappelle un peu.

– Bonsoir, ma chérie !

Ça doit être ça... Quoique de mon temps, on n'aurait pas appelé sa grand-mère « ma chérie ». Même mes petits-enfants, je crois pas qu'ils me disent ça.

J'arrive pas à m'endormir. Ce lit est trop petit. Depuis que je me suis mariée, je n'ai pas dormi dans un petit lit. Et puis il est trop tôt.

La nuit tombe petit à petit. Ça me fait peur. Je ne connais pas ici. Si j'ai besoin de me lever, comment je vais faire ? Ma maison me manque... mon chat... je ne sais même pas ce qu'ils en ont fait de ma Mimine... les bruits de ma rue... le bonsoir de ma voisine, ça fait si longtemps qu'on se connaît ; elle doit se demander ce qui m'est arrivé, je n'ai même pas pu la prévenir. Et si quelqu'un me téléphone à la maison ? Moi qui étais toujours là, ils vont croire qu'il m'est arrivé un malheur. Remarque, c'est vrai que c'est un malheur de me retrouver là.

Y a quelqu'un qui crie, ça fait peur ce cri, j'en ai jamais entendu des comme ça.

J'ai envie de pleurer... je n'arrive pas à me retenir... me retrouver toute seule ici... même pas Mimine pour me consoler. Qu'est-ce que je vais devenir ? Je voudrais mourir. Ça dure trop longtemps la vieillesse quand on peut plus faire les choses comme avant. Les jeunes ne se rendent pas compte. Et puis c'est eux qui décident pour vous. Je suis pas folle tout de même !

C'est sûr que je ne veux pas rester là. Je m'en fiche de mourir, mais je veux être dans ma maison.

Oh là là ! maintenant j'ai envie de faire pipi. Je sais même plus où sont les toilettes. Je me rappelle pas s'il y en a dans la chambre. Je ne vois rien, je peux même pas aller chercher. Y a bien la petite veilleuse, mais je n'y vois pas assez. Je vais essayer de me retenir.

Je peux plus maintenant ; il faudrait peut-être que je sonne ? Mais dans les hôpitaux, ils aiment pas trop être dérangés tout le temps, ça doit servir que si on se sent pas bien. Tant pis, ça doit bien arriver à d'autres que moi d'avoir envie de faire pipi la nuit. Voilà, j'ai trouvé la sonnette.

Une dame arrive avec une lampe de poche.

– Qu'est-ce qui vous arrive ?

– Je voudrais aller aux toilettes.

– Vous avez une couche, faites dans votre couche !

Et elle repart !

Ça serait vraiment une couche qu'ils m'ont mise, et pas une serviette hygiénique ? Mais pour qui ils nous prennent ? On a passé l'âge depuis longtemps d'avoir des couches. Si encore je pouvais pas me lever, je comprendrais... et encore, il existe les bassins tout de même !

Si au moins je savais où sont les W.-C.*, j'irais toute seule. Je ne sais même pas où est la lumière dans cette chambre. Essayer de me retenir jusqu'à demain matin ? Non, je ne peux vraiment pas. Mais je ne vais tout de même pas faire dans une couche ! À mon âge ! Tant pis, je vais essayer de trouver les toilettes toute seule. Où est-ce que je vais aller ? Je vais bien rencontrer quelqu'un à qui demander, il est pas tard.*

Ouh, j'ai les jambes qui tremblent, elles me tiennent pas... Je m'accroche au lit, mais si je le lâche, je crois bien que je vais tomber. Non, je n'y arrive pas. Je vais me recoucher et essayer de me retenir, tant pis...

Non, je ne peux plus ! Je vais resonner, après tout, ils sont là pour ça ! Et peut-être que tout à l'heure, la dame ne m'a pas bien comprise. J'attrape la sonnette. Cette fois, c'est un monsieur qui vient. Décidément, j'arrive pas à m'y reconnaître avec tout ce personnel.

– Bonsoir, madame Rodriguez, vous avez besoin de quelque chose ?

Celui-là au moins il est poli.

Je recommence, comme si j'étais à l'école et qu'il fallait que je demande à la maîtresse. Ça me rappelle d'ailleurs un souvenir, c'est drôle ça, j'ai pas complètement perdu la mémoire. J'étais petite, j'avais 6 ans, je crois, et ma mère me faisait prendre des cours de piano. J'allais chez le professeur prendre les cours, et je me souviens elle était très méchante. Un jour, j'ai pas osé lui dire que j'avais envie de faire pipi ; je me suis retenue, retenue, et j'ai fini par me faire dessus. Quelle horreur ! Quelle honte ! Ça, je m'en souviendrai toute ma vie, enfin si je perds pas trop la boule. Eh ben là, c'est pareil, la même honte...

– J'ai envie d'aller faire pipi. J'ai essayé de me retenir, mais je n'arrive pas. Je m'excuse de vous déranger.

– Mais je vous en prie, madame Rodriguez, venez, je vais vous aider.

C'est pas possible, l'autre elle avait pas dû comprendre ce que je lui disais. En tout cas, lui, il est très gentil. Il me dit que ça ne doit pas être facile au début, quand on se retrouve là. En plus, la maison est grande.

– On est là pour vous aider. N'hésitez pas à demander quand vous avez besoin de quelque chose. J'espère que vous allez bien dormir maintenant.

– Excusez-moi, je peux vous demander comment vous vous appelez ?

– Moi, c'est François, je ne fais que les nuits. Mais vous verrez, tout le monde est très gentil ici, et on va bien s'occuper de vous. Allez, bonsoir, madame Rodriguez.

– Bonsoir, et merci beaucoup.

Tout le monde est très gentil qu'il dit. Ça, c'est à voir. Peut-être qu'il ne connaît pas tout le personnel s'il n'est là que la nuit. J'ai quand même pas osé lui dire que j'avais déjà sonné une fois, et je lui ai pas demandé pour la couche si c'était vraiment ça. J'ai eu peur de passer pour une imbécile.

Enfin, ça va mieux. J'ai bien cru qu'il allait falloir que je fasse pipi au lit.

Je suis déjà dans un demi-sommeil quand j'entends un grincement de porte. J'aperçois une ombre, mais personne ne me parle. Je commence à avoir peur. L'ombre s'approche... Je ne fais pas un geste, comme si je dormais. Ça y est, elle est près de mon lit : c'est une dame en chemise de nuit. Elle s'assoit sur mon lit, puis se couche à côté de moi. Je suis terrorisée. Elle marmonne quelque chose, mais je ne comprends rien et, heureusement, elle se lève et s'en va. J'ai le cœur emballé, les mains qui tremblent ! Quelle frayeur ! Mes enfants ont intérêt à venir me chercher demain !

Tout à coup, j'entends un bruit qui me réveille, et une voix :

– Bonjour, madame Rodriguez, regardez le beau soleil qu'il y a aujourd'hui, dit une infirmière en ouvrant les volets. Qu'est-ce que vous prenez pour votre petit déjeuner, du café ou du thé ?

J'ai du mal à me réveiller après la nuit que j'ai passée ; j'arrive quand même à lui dire que je vais me préparer avant de prendre mon petit déjeuner.

– Non, ce n'est pas la peine, vous prenez votre petit déjeuner et après, il y a quelqu'un qui viendra vous aider à faire votre toilette.

– Mais je ne prends pas mon café au lit et j'ai l'habitude de me laver avant le petit déjeuner !

– Peut-être, mais ici, il y a d'abord le petit déjeuner et après, on fait les toilettes. Vous en avez de la chance de prendre votre petit déjeuner au lit, moi, quand j'ai mon dimanche, je ne rêve que de ça ; mais je ne peux pas à cause des enfants qui se réveillent trop tôt.

Elle peut dire ce qu'elle veut, mais j'ai jamais pris mon petit déjeuner au lit, c'est les fainéants qui font ça. Comme si nous, le dimanche, on avait pu traîner des heures au lit... Y avait le travail de la ferme, et puis la messe, il aurait fallu la rater pour rien au monde. Pensez qu'on pouvait se permettre de flemmarder au lit ! Dès l'âge de 16 ans j'ai travaillé, et dur en plus !

Bon, c'est vrai que c'est l'hôpital ici, et à l'hôpital, j'y suis pas allée souvent, mais je crois me souvenir que c'est comme ça. Je vais rien dire, sinon ils vont penser que je suis une râleuse, mais le café, c'est pas du café, c'est de l'eau. Et cette toute petite plaquette de beurre, je vais pas m'étouffer avec ! La confiture dans ces petites barquettes en plastique, j'en mange pas. Rien à voir avec mes confitures de cerises que j'ai à la maison. C'est ma voisine qui m'en donne toujours. Elle est bien gentille, ma voisine ; elle doit se demander où je suis, il faudrait quand même que je puisse la prévenir, mais je ne connais pas son numéro de téléphone, je crois qu'il est à la maison.

Bon, ben voilà ! Maintenant, je vais aller m'habiller.

J'ai pas mis un pied par terre que l'infirmière qui m'a réveillée vient chercher le plateau.

– Mais où « on » va ?

– Eh ben, je me lève !

– Non, non, attendez qu'on vienne vous aider, n'y allez pas toute seule.

– Et pourquoi pas toute seule ?

– On va vous aider, ça sera plus facile pour vous.

– Mais j'ai pas besoin, je sais m'habiller tout de même !

– Oui, mais il faut aussi vous laver.

– Je suis propre, et je suis quand même capable de m'occuper de moi !

Qu'est-ce qu'ils croient ? Qu'on avait le temps de se laver tous les jours à la campagne ?

– Allez, patientez un peu au lit ; on va venir.

Elle me prend les pieds et je me retrouve en moins de deux de nouveau allongée. Je voudrais pas dire, mais elle est un peu brusque, cette employée.

– Et soyez sage, on arrive.

Sage, pour qui elle se prend encore celle-là ? Je suis pas sa gosse ! Je vais pas me laisser faire par ces gamines qui pourraient être mes petites-filles. J'ai bien voulu prendre le petit déjeuner au lit, mais maintenant, je me lève. J'suis pas une fainéante !

Où est-ce qu'ils ont posé mes vêtements, hier soir ? Ah ! là, sur la chaise. Ça, c'est bien ma fille, la nouvelle robe qu'elle m'a achetée est pleine de boutons de haut en bas. Comme si c'était facile quand on est vieux de défaire tout ça ! Et en plus ils sont petits !

C'est là qu'arrive de nouveau celle qui m'a demandé d'être sage.

– Et vous vous êtes levée ? Vous vous rendez compte si vous glissez et si vous tombez ? Votre fille nous a

dit que vous aviez des vertiges et que vous risquiez de tomber ! En plus, vous n'êtes pas lavée ! Bon, de toute façon, on doit vous donner le bain tout à l'heure, alors on va vous laisser tranquille pour ce matin, mais il faut écouter ce qu'on vous dit ! Je vais appeler ma collègue pour lui dire qu'elle peut venir faire le ménage dans la chambre.

Aussitôt dit, aussitôt fait. Une nouvelle arrive et me dit que je ne peux pas rester dans la chambre pendant qu'elle lave par terre, alors elle va m'emmener dans la « salle de vie ». Qu'est-ce que ça peut être encore cet endroit qu'elle appelle la « salle de vie » ? Comme je suis curieuse, je la suis. On arrive dans une grande salle.

– Voilà, asseyez-vous par là.

Ah ben ça alors ! J'appellerais plutôt ça la cour des miracles. Il y a plein de gens en fauteuil. Certains sont encore en robe de chambre ; en plus, c'est bizarre, ils l'ont mise à l'envers, les boutons derrière. Quand même, eux, on pourrait les aider à s'habiller mieux. Comme ça, on dirait presque qu'ils ont une... comment déjà ?... ce truc qu'on met aux fous... Je trouve plus le nom. Y en a un là-bas au fond qui arrête pas de crier. Y en a quelques-uns qui regardent la télé. Tiens, là il y a une dame qui a l'air toute seule, je vais aller à côté d'elle.

– Mon papa et ma maman, ils sont en Amérique, à New York. Je vais les rejoindre. Mon papa m'attend. Il faut que j'aille faire les commissions pour midi, après, y a les enfants à l'école, il faut aller les chercher. Il faut que je me dépêche.

Elle se lève et s'en va. Curieux quand même ce qu'elle m'a raconté. J'ai rien compris, entre ses parents, ses enfants et tout ça...

– Bonjour, madame. Je crois que je ne vous connais pas, vous êtes nouvelle ici ? Vous êtes arrivée il y a combien de temps ?

Ça, c'est l'autre voisine qui était proche de moi.

– Oh, je ne sais plus trop quand je suis arrivée. Ça

fait pas très longtemps, je crois, peut-être quelques jours, je ne peux pas vous dire vraiment.

– En tout cas, je ne vous avais pas encore vue.

– Ce sont mes enfants qui m'ont foutue là. Ils voulaient se débarrasser de moi. J'sais pas pourquoi mon mari a rien dit.

– En ce qui me concerne, c'est moi qui ai décidé de venir en maison de retraite, parce que j'avais peur toute seule chez moi. Et puis je n'ai plus de famille, plus personne.

C'est pas une maison de retraite ici, c'est une maison de convalescence. Elle perd peut-être aussi un peu la mémoire.

– Je ne vais pas rester ici. Je suis seulement là pour me reposer un peu, et bientôt mes enfants vont revenir me chercher. Ils sont quand même gentils mes enfants.

Pas loin de mon fauteuil, il y a une dame qui n'a pas l'air bien du tout : elle ne parle pas, elle est toute recroquevillée sur son fauteuil et elle bave. Elle a d'ailleurs autour du cou une grande serviette qui est toute sale. Elle commence à se déshabiller. On dirait qu'elle se met toute nue ! Il faut dire que c'est pas difficile, elle a ces espèces de chemises blanches qu'on vous met parfois dans les hôpitaux et qui sont tout ouvertes derrière. Une employée arrive et lui remet sa chemise et son espèce de bavoir. Une autre infirmière la rejoint.

– Qui est cette dame, je ne la connais pas ?

– Oh, je ne sais plus son nom, elle est arrivée hier, mais c'est une plante verte !

Une plante verte ? C'est curieux d'appeler quelqu'un comme ça ! Remarquez, c'est peut-être gentil, parce que moi, mes plantes, je m'en occupais bien : je les arrosais juste ce qu'il fallait, je leur parlais (on dit qu'il faut leur parler), je les bougeais délicatement ; des fois, je leur lavais doucement les feuilles. Mais enfin là, ils n'ont pas l'air de lui parler ni de s'en occuper délicatement.

Tiens, à propos de verdure, je vais aller me promener un peu dehors.

J'ai du mal à trouver la sortie : tous ces couloirs, c'est compliqué ; il y a des escaliers partout, et je ne trouve pas l'ascenseur.

Enfin, je ne sais pas comment, mais je me retrouve dehors. Il y a un beau jardin, très ensoleillé et avec beaucoup d'arbres. Ah, et tous ces oiseaux qui chantent... Je marche un peu, je passe un petit portail, puis je continue sur la petite route. Il fait vraiment très bon ici. Mais il n'y a pas beaucoup de monde qui se promène.

J'arrive à un autre portail, beaucoup plus grand celui-là. Je ne sais pas comment on l'ouvre, mais ça tombe bien, y a justement une voiture qui passe. Ça me fait du bien cette promenade, j'en pouvais plus d'être enfermée dans cette prison. Je regarde le panneau qui est à l'entrée : « Résidence Retraite ». Tiens, ils ne parlent pas de maison de convalescence. Résidence retraite, je ne sais pas ce que c'est, c'est peut-être comme une maison de retraite ? Il faudra que je demande parce qu'il n'y a pas marqué « hôpital » non plus.

Maintenant, je suis sur une route. Tout à coup, une voiture s'arrête à côté de moi.

– Ah ben vous voilà ! On vous a cherchée partout ! Il ne faut pas partir comme ça sans rien dire à personne.

Je ne vois pas pourquoi, je suis libre tout de même ! Je ne vais pas demander la permission chaque fois que je veux faire quelque chose comme si j'étais une petite fille.

– Montez dans la voiture, on vous ramène, parce que tout le monde s'inquiète et vous êtes déjà en retard pour le repas.

Finalement, je vais pas leur dire, mais ça m'arrange, parce que je commence quand même à être un peu fatiguée. Je crois que je n'ai plus tellement l'habitude de marcher.

On me conduit directement dans la salle à manger qui est déjà pleine.

Après le repas, on me raccompagne dans l'espèce de salle où je suis déjà allée ; je me souviens plus comment ils l'appellent.

Je sommeille un peu sur mon fauteuil parce que j'ai mal dormi cette nuit. Une employée me caresse la joue.

– Madame Rodriguez, venez, on va vous donner la douche.

Je me réveille, je ne sais plus trop où je suis ; je m'aperçois que je suis dans un fauteuil.

– Mais j'ai dormi toute la nuit dans le fauteuil ?

– Non, vous avez dû faire une petite sieste.

– La sieste, c'est l'après-midi, non ?

– Oui, bien sûr !

– Et pourquoi vous voulez que je prenne une douche au milieu de l'après-midi ?

– Parce qu'on donne les douches l'après-midi.

– Et pourquoi pas le matin ?

– On n'est pas assez de personnel, alors c'est possible que l'après-midi. Le matin, il y a déjà trop de travail : le petit déjeuner, les toilettes, les lits, le ménage...

Déjà j'aime pas la douche, une grande partie de ma vie, je me suis lavée au lavabo, mais en plus, une douche l'après-midi, j'ai jamais vu ça ! Quand on prenait un bain, c'était dans une grande bassine, le dimanche. On se faisait propre pour la messe.

– Non, non merci, ça va.

– Mais il faut que vous soyez propre ! Ce matin, on ne vous a pas lavée parce que vous ne vouliez pas et que vous étiez marquée pour la douche cet après-midi. Il faut que vous veniez ! Allez, ne craignez rien !

Elle me prend la main pour m'aider à me lever du fauteuil. Je ne vais pas être trop contrariante parce qu'ils vont finir par me prendre en grippe. Je vais toujours aller voir comment elle est la douche ; de toute façon, comme je ne vais pas rester ici...

On est dans une grande salle de bains toute rose avec une immense baignoire et un drôle d'espèce d'engin devant, j'en ai jamais vu des comme ça. On me dit que ça sert à soulever les malades pour les mettre dans la baignoire.

– Allez, venez vous déshabiller.

– Mais vous pouvez partir, je vais me laver toute seule.

– Non, il faut qu'on vous aide !

– Mais je ne vais pas me déshabiller devant vous !

– On a l'habitude, vous savez, on s'occupe de tout le monde. Personne ne vous verra, la porte est fermée.

Elles, elles ont peut-être l'habitude de voir des personnes âgées toutes nues, mais moi, j'ai pas l'habitude de me déshabiller devant n'importe qui !

– Allez, soyez gentille, venez, vous savez, on est pressées, on a sept douches à passer cet après-midi.

Elles m'enlèvent doucement mon gilet... Je n'ose plus protester. J'ai honte... De mon temps, on n'aurait jamais fait ça ; on se déshabillait quand on était tout seul. J'ai encore envie de pleurer, mais je vais être ridicule et je vais me faire disputer. Il vaut vraiment mieux mourir que de devenir vieux comme ça ! Je préfère penser à autre chose pendant qu'elles me lavent... Je revois mon papa et ma maman, la maison quand j'étais petite, le poêle dans la cuisine, j'entends la voix de ma sœur dans la pièce d'à côté... et je peux pas m'empêcher de pleurer... Ils sont tous partis avant moi, ils m'ont laissée...

– Mais il ne faut pas pleurer, c'est vrai que vous n'êtes pas habituée, mais vous allez être toute belle, toute propre. Ça va vous faire du bien.

Tu parles, elles se fichent de moi, avec ma peau toute fripée, mes seins qui pendent... Je me suis jamais sentie aussi vieille, aussi moche. Elles n'ont pas l'air de trop le remarquer ; pourtant, ça doit les choquer quand même, elles qui sont si jolies. Moi aussi, j'ai été jeune, j'aimais bien me regarder dans la glace, me maquiller un peu, me mettre du rouge sur les joues. Maintenant, j'ose même plus me regarder dans la glace ; d'ailleurs, quand ça m'arrive, j'ai même l'impression parfois que c'est pas moi. Cette tête de vieille... Si j'avais imaginé devenir comme ça...

Enfin, c'est fini... Je ne sais pas combien de temps ça a duré. Je ne sais plus quand on est d'ailleurs.

– C'est le matin ou le soir ? Il faut aller se coucher maintenant ?

– Mais non, c'est l'après-midi, madame Rodriguez.

– Ah c'est vrai ! Dans cette drôle de maison, avec leur douche l'après-midi, je sais plus où j'en suis !

– Elle n'a plus toute sa tête ! C'est terrible de devenir comme ça !

Qu'est-ce qu'elle raconte à sa collègue, celle-là ? C'est tout de même pas de moi qu'elle parle comme ça ? C'est vrai que je perds un peu la tête... Je me fais déjà du souci, et voilà qu'elle dit qu'elle ne voudrait pas devenir comme moi ! Ça doit être terrible alors ce qui m'arrive ! J'ai peut-être pas toute ma tête, mais mes oreilles, elles, elles fonctionnent bien ! J'ai au moins cette chance ! Et puis j'ai peut-être pas toute ma tête, mais j'ai encore un nez, une bouche, des oreilles, et puis un cœur, des tripes, un foie !... Remarque, c'est peut-être pas aussi grave que ça, parce que j'entends qu'ils disent de certaines personnes qu'elles ont complètement perdu la tête ; moi, ils m'en ont au moins laissé un morceau, je ne l'ai pas toute perdue ! Ma pauvre maman disait toujours qu'il faut prendre la vie du bon côté, parce qu'elle nous en fait voir de toutes les couleurs, la vie... Ah, ma pauvre maman... Tiens, elles m'ont rendue triste avec cette histoire.

– On va vous conduire à l'infirmerie parce que vous devez voir le médecin.

Et c'est reparti pour les couloirs qui n'en finissent

pas. Plus je tourne dans cette maison, moins je m'y reconnais ; il n'y a que des couloirs, des couloirs, et des portes partout, plein de portes.

On arrive à l'infirmerie.

– Voilà, je vous l'ai descendue pour le médecin.

Ici, j'ai l'impression d'être un paquet : on m'envoie à la douche, on me descend à l'infirmerie, on me traîne parce que je ne marche pas assez vite...

L'infirmière me fait rentrer dans le bureau du docteur. Il est assez gentil. Il m'ausculte assez rapidement, regarde des papiers. Puis il se met à me poser des drôles de questions :

– Quel mois de l'année sommes-nous ?

Pourquoi il me demande ça ? Il ne s'en souvient peut-être plus, il a peut-être des trous de mémoire, comme moi ? Il a pas l'air si jeune que ça après tout !

– Je crois qu'on doit être au mois de mars ? Ou peut-être avril ?

Ils se regardent avec l'infirmière, mais ils ne me disent rien. Elle pourrait lui répondre, elle, quand même !

– Quel jour sommes-nous ?

Avec tout ce qu'il s'est passé, je sais plus où j'en suis, moi... Il insiste avec son histoire de date.

– Je suis désolée de pas pouvoir vous aider, docteur, mais ça m'a tellement bouleversée de venir ici que je ne sais plus très bien.

– Ça ne fait rien, ce n'est pas grave.

Maintenant, il me demande de compter à partir de 100 en enlevant 7 à chaque fois[1] *! J'ai jamais vu un docteur me poser des questions pareilles.*

Depuis que je ne vais plus à l'école, on n'a pas dû me demander des choses comme ça ! Peut-être que pour

---

1. Questions issues du Mini Mental Test (M.M.S.), fréquemment utilisé en gériatrie pour évaluer l'état de détérioration intellectuelle de la personne.

rentrer dans cette maison, il faut en plus passer un examen ? Ils exagèrent quand même ! Quand on a besoin d'une maison de convalescence, on devrait pas avoir à passer un examen. Peut-être qu'avec ces histoires de Sécurité sociale... je sais pas bien ce qui se passe, mais j'ai entendu qu'ils en parlaient à la télé. Maintenant, il me montre un truc avec lequel on écrit et il me demande comment ça s'appelle. C'est justement quand on me pose des questions pareilles que je ne sais plus ! C'est comme quand j'étais à l'école ! Je savais jamais répondre quand la maîtresse m'interrogeait et, cinq minutes après, ça me revenait.

– C'est... un machin ! Vous savez, ce qui sert à écrire... Comment ça s'appelle déjà ? C'est le truc où avant on mettait des plumes et on trempait dans l'encrier... Oh là là... J'ai le mot qui ne me revient plus.

Il continue encore à me poser les questions de l'examen. Je crois qu'il y en a quelques-unes auxquelles j'ai dû bien répondre.

– Le score est de 14.

Ça y est, l'examen est fini ; il me donne même la note tout de suite ! 14 sur 20, c'est pas une mauvaise note je crois.

– Il y a une détérioration intellectuelle modérée et une désorientation spatio-temporelle.

C'est apparemment la conclusion du médecin ; je ne sais pas ce que ça veut dire, mais, je sais pas pourquoi, je sens que je ne dois pas avoir aussi bien réussi que ça !

Et l'infirmière ajoute :

– Oui, d'ailleurs, elle ne retrouve pas sa chambre toute seule, et ce matin, elle a fugué, on l'a rattrapée sur la route. Si ça recommence, il faudra qu'on lui mette un bracelet anti-fugueur.

Moi, une fugue ? Mais je suis simplement allée me promener ! C'est les jeunes qui fuguent parfois quand ils s'en vont de chez eux sans prévenir personne. Mais à notre âge, on a quand même bien le droit de faire ce qu'on veut et d'aller se promener où on veut ! Une fugue... Je me suis pas enfuie de prison tout de même ! Pour un peu, ils auraient été capables de dire que je m'étais évadée ! Cette histoire de bracelet, je sais pas ce que c'est ; je connais que les bracelets qu'on se met pour se faire belle ; j'en ai d'ailleurs un joli à la maison qui a appartenu à ma grand-mère. J'espère qu'ils me l'auront pas pris pendant que je ne suis pas à la maison. Il faut vraiment que je rentre, parce que je m'inquiète pour mes affaires. Oh, et ma Mimine, qu'est-ce qu'elle devient ? Si au moins je pouvais téléphoner à ma fille pour savoir si elle vient bien me chercher cet après-midi... J'en ai assez de cette maison. Ici, je suis pas moi, je sais plus qui je suis, où je suis ! On n'a pas le droit de faire des choses comme ça à des personnes de mon âge... presque 90 ans je crois... J'ai plus besoin d'être en convalescence, ils ont qu'à me laisser mourir tranquille ! On peut bien mourir à cet âge-là ; j'ai assez vécu, j'en ai assez depuis que j'ai plus mon Lucien !

– Allez, venez, madame Rodriguez, je vais vous raccompagner à votre étage. Cet après-midi, si vous voulez, il y a une activité chant. Je dirai aux animateurs qu'ils viennent voir si vous voulez venir. C'est très bien, on chante toutes les chansons d'autrefois.

Petit déjeuner, lever, toilette, déplacement salle de vie, déplacement salle à manger, repas, déplacement salle de vie, animation, goûter, déplacement salle à manger, repas, retour en chambre, coucher... De temps en temps, visite de mes enfants... J'ai soudain peur que ma vie ne devienne plus que ça. Quel sens cela a-t-il ? Qu'est-ce que je vais devenir ? À quoi ça sert de devenir aussi vieux ?

C'est sur cette angoisse et cette interrogation que j'arrêterai l'histoire de l'arrivée de Mme Rodriguez en institution, histoire qui pourrait être la mienne dans quelques dizaines d'années... Je dois dire que je préfère faire le pari de la possibilité de finir ma vie chez moi ou, au moins, faire l'hypothèse de l'évolution constante de l'amélioration de la qualité de vie dans les maisons de retraite.

Certains lecteurs penseront peut-être que j'ai exagérément forcé le trait, ou bien se sentiront totalement effrayés après la lecture de ces quelques pages, n'ayant jamais osé imaginer que l'entrée en maison de retraite pouvait se passer et être vécue de façon aussi dramatique.

Dans ce récit, j'ai, certes, concentré un certain nombre d'événements qui se produisent rarement avec la même personne, et dans les deux seuls premiers jours ; j'ai, par instants, grossi le trait. Mais tout ce qui est relaté est emprunté à mon vécu quotidien ou à celui de professionnels de différents établissements, y compris l'arrivée de résidants qui n'ont parfois pas été prévenus de leur entrée en maison de retraite. Une telle absence d'information de la personne allant jusqu'à la duperie de la promenade pour éviter le risque de refus est assez rare. Par contre, dans un grand nombre d'établissements, une importante proportion de résidants arrivent en pensant qu'ils viennent simplement faire un séjour en maison de convalescence et qu'ils retourneront chez eux quelques semaines plus tard. La responsabilité de ce leurre incombe à la famille, aux médecins, aux acteurs sociaux qui interviennent en amont du placement. Les raisons principales en sont fréquemment la crainte du refus de la personne âgée, la culpabilité sous-jacente au « placement » de l'un des siens, le manque d'informations concernant les conditions favorables à une meilleure adaptation future des résidants, le déni de statut d'être humain aux personnes présentant un affaiblissement intellectuel ou une détérioration des fonctions supérieures. Le résultat peut en être, pour la personne devenue « objet » de placement, la révolte et la violence, ou bien l'anéantissement complet susceptible de conduire au syndrome de glissement, à l'abandon du désir de vivre.

Avec Françoise Dolto en particulier, nous avons appris que, chez l'enfant, « tout est langage », nous avons été sensibilisés à l'importance de parler à l'enfant de son histoire, de le préparer aux événements qui vont lui arriver, nous avons pris conscience de l'importance de la vérité. Et, même s'il reste beaucoup à faire en terme d'éducation à la parentalité, les psychologues, les éducateurs et les médias transmettent ce discours pour le rendre accessible au plus grand nombre.

Pourquoi n'en serait-il pas de même avec les personnes âgées ? Qu'est-ce qui fait que nous oublions soudain les droits les plus élémentaires de l'être humain, qu'est-ce qui nous autorise soudain à une telle violence ? Qu'est-ce qui nous autorise à tous les regrouper sous les termes indifférenciés de « mamies et pépés » ou de « mes petits chéris », sans plus même songer à utiliser simplement monsieur ou madame suivi du nom de famille ?

Peut-être savons-nous, sentons-nous, plus ou moins consciemment, que l'entrée en institution, l'abandon par la personne âgée de son domicile pour rejoindre ce qui sera souvent « sa dernière demeure » avant la mort, peut représenter une terrible épreuve. Sans doute préférons-nous alors ne pas être confrontés trop durement à cette difficile réalité en nous cachant derrière des arguments du type : « Elle n'a plus toute sa tête, si on lui avait dit, elle aurait de toute façon oublié » ; « On lui a dit qu'elle allait en maison de convalescence, on verra plus tard quand elle sera habituée » ; « Si on lui avait dit, elle n'aurait jamais accepté, et chez elle, ce n'était plus possible »...

Mais refuser la vérité à l'autre et ne pas reconnaître pour nous la réalité de nos peurs, de notre perception de la vie en maison de retraite, de notre culpabilité, n'est-ce pas conforter l'idée selon laquelle l'institution est quelque chose de terrifiant et mortifère dont il faut éviter de parler ?

En rendant l'accueil dans l'institution de la personne ainsi trompée plus délicat et difficile pour le personnel, et en compromettant parfois ainsi les chances d'adaptation future, les médecins, les proches, les travailleurs sociaux, les tuteurs ne risquent-ils pas de ralentir à la fois l'évolution des mentalités à propos de la vie en maison de retraite et l'avancée des pratiques dans les institutions de gérontologie ?

Nous savons que les personnes âgées qui ont choisi elles-mêmes d'entrer dans un établissement ou, tout au moins, qui l'ont accepté, présentent moins de pathologies et décèdent en moindre proportion dans les premiers mois qui suivent leur arrivée en institution.

La maison de retraite est un substitut du domicile, mais substitut ne veut pas dire équivalent en qualité. Ne nous leurrons pas avec des formules incantatoires choisies par certains établissements comme devise, du style : « Vivre sa retraite comme à la maison ». Non, la maison de retraite, ce n'est pas « comme à la maison ».

Le progrès de l'aide à domicile permet aujourd'hui de rester plus longtemps chez soi, dans son environnement géographique, matériel, humain et affectif. Mais le pendant est l'entrée de plus en plus tardive en institution, la dépendance croissante de la population accueillie dans ces établissements, et donc la plus grande médicalisation de ces derniers. Dans la grande majorité des cas, on entre aujourd'hui en maison de retraite quand on ne peut vraiment plus rester chez soi. Certaines situations rendent impossible le maintien à domicile, qu'il s'agisse de problèmes de santé importants, répétitifs, de handicaps majeurs, d'une démence ayant conduit les proches à l'épuisement ou de problèmes mettant en péril la sécurité des personnes. Cela signifie que c'est fréquemment la dépendance ou la perte d'autonomie qui « contraint » à la maison de retraite, dernier recours, la personne âgée étant associée ou non, selon les cas, à la prise de décision. Il existe donc déjà souvent des événements difficiles à surmonter par le sujet (maladie, décès du conjoint, dépendance), sur lesquels va venir se greffer l'entrée en institution non préparée.

Alors, n'ayons pas peur des mots : l'entrée en maison de retraite est une épreuve, même si la personne a la possibilité d'apporter mobilier et objets personnels, de recevoir ses proches comme elle l'entend, d'aller et venir à sa guise. La très grande majorité des résidants que je côtoie me disent qu'ils préféreraient être chez eux, qu'ils se languissent de leur domicile, que c'est dur de ne pas être « chez soi », preuve qu'ils n'ont pas assimilé l'établissement, leur chambre à l'espace intime que représente leur demeure. Si, de surcroît, la personne est leurrée sur la réalité de l'établissement dans lequel elle arrive et sur la durée de son séjour, comment pourrait-elle s'adapter et s'approprier un tant soit peu les lieux ? Pourquoi personnaliser sa chambre si l'on n'est là que pour quelques semaines, pourquoi nouer des relations avec les autres pensionnaires si l'on va retrouver bientôt son environnement proche, pourquoi « s'installer » si l'on est en attente d'un retour proche dans son cadre de vie habituel ?

Il n'est pas question, loin de là, de faire le procès des institutions pour personnes âgées : elles sont nécessaires, indispensables. Si certains établissements ont des pratiques tout à fait condamnables, si la maltraitance existe, le secteur de la gérontologie n'en a pas moins beaucoup évolué au cours des dernières années. Mais il reste encore beaucoup à faire.

Il faut bien reconnaître que la collectivité, si respectueuse des personnes soit-elle, impose des contraintes incontournables. Osons convenir que les limites à la liberté individuelle risquent d'être d'autant plus importantes que l'institution est grande. Si la faible capacité de certains établissements n'est pas, en soi, un gage de qualité (de nombreux exemples d'établissements privés fonctionnant essentiellement au profit nous le prouvent), il n'en demeure pas moins que plus il y a de résidants, plus le fonctionnement est lourd, et plus il est difficile de prendre en compte les individus, d'autant plus que l'architecture est souvent inadaptée et n'a pas été pensée en termes de petites unités de vie relativement indépendantes.

À ces éléments structurels peuvent s'ajouter des attitudes « infantilisantes », voire « chosifiantes », de la part du personnel confronté trop souvent à la grande dépendance et la démence sans réel soutien psychologique. Sous couvert de manifestations de sympathie, d'affection, de proximité, le tutoiement quasi systématique et les dénominations fréquentes de « Papi », « Mamie » n'ont pas encore disparu, l'histoire de vie est parfois ignorée... En un mot, les marqueurs de l'identité individuelle sont mis au rebut. Vous n'existez plus, vous n'êtes plus qu'un « on » indéfini parmi d'autres « papis » et « mamies », à qui des soignants demandent de temps en temps si « on va bien », si « on vient manger », si « on se lève ».

Il m'arrive souvent de me demander pourquoi, malgré toutes les formations dispensées, ces pratiques continuent ainsi à avoir cours. Je n'ai pas d'autre réponse que de dire qu'il s'agit, sans doute, d'une mise à distance rendue nécessaire par les interpellations trop personnelles sur son possible devenir que suscite le travail auprès du grand âge. Infantiliser, chosifier, permet de ne pas se sentir identique.

Il faudra bien un jour accepter de se dire que

l'évolution des pratiques en établissement d'hébergement pour personnes âgées passe par une réflexion approfondie de chacun, professionnel ou simple citoyen, sur son rapport à la vieillesse et au grand âge.

Il faut également dire la contradiction générée par les organismes de tutelle eux-mêmes. D'un côté, de beaux textes, sortis du chapeau de quelques experts et conseillers ministériels sur la qualité de vie en établissement pour personnes âgées, directives auxquelles nous ne pouvons que souscrire tant nous sommes d'accord pour faire des institutions de réels lieux de vie. De l'autre côté, des textes réglementaires concernant la sécurité contre les risques d'incendie, l'hygiène alimentaire, de plus en plus draconiens. Impossible de mettre des rideaux s'ils ne sont pas traités « non-feu » (et tant pis pour ma grand-mère qui avait choisi un tissu qui lui plaisait tant pour aménager sa chambre). Même les plantes vertes, pourtant déjà artificielles, doivent être traitées « non-feu » (comme me le relatait dernièrement la directrice d'un petit établissement qui avait eu la visite récente de la commission de sécurité). Bientôt, le moindre bibelot apporté de chez soi, les quelques livres auxquels on tient le plus, seront refusés parce que pas traités...

Impossible pour un résidant de manger un véritable œuf sur le plat comme au bon vieux temps, impossible de confectionner une pâtisserie, une pâte à crêpes avec de « vrais » œufs, impossible de manger le fromage fermier apporté par ses enfants... Dernièrement, une maison de retraite, dans laquelle une résidante avait été victime d'une intoxication alimentaire due à un produit apporté par sa famille, n'a échappé aux poursuites judiciaires que grâce à son règlement intérieur qui interdisait l'apport dans l'établissement de denrées périssables pour une consommation personnelle.

Les lieux se vident de tout décor « naturel », la cuisine s'industrialise et « s'hygiénise »... Vous avez dit « lieu de vie » ?

D'un côté, la volonté ministérielle affichée de développer la qualité de vie dans les établissements, de mettre en œuvre des démarches d'« assurance qualité », avec des indicateurs d'évaluation on ne peut plus respectueux de l'individualisation des pratiques, de la prise en compte des habitudes de vie de la personne, de ses rythmes propres, de son histoire, de son besoin de relation et de communication.

De l'autre côté, l'absence de réelle politique globale de la vieillesse, le manque flagrant de moyens financiers et d'effectifs pour prévenir la dépendance, conserver l'autonomie et maintenir la personne dans un réseau de relations lui permettant de garder son statut et sa dignité d'être humain.

Les directeurs d'établissement et les personnels sont de plus en plus soumis à une sorte d'injonction paradoxale : faites davantage de qualité, mais avec des effectifs équivalents, voire réduits... Ce qui peut, en outre, laisser sous-entendre que jusqu'alors les moyens humains n'ont pas été optimisés, alors que tout individu ayant un peu fréquenté les établissements sait que les personnels sont souvent épuisés et découragés. Par exemple, une aide soignante peut rarement passer plus de dix minutes-un quart d'heure pour faire la toilette d'un résidant, alors qu'à l'école d'aides soignants, on apprend qu'il faut entre trente et quarante-cinq minutes !

Toute politique doit être assortie des moyens nécessaires à sa réalisation, faute de quoi elle deviendra davantage facteur de découragement et de démotivation que de dynamisation et d'évolution des pratiques.

Nous avons à lever le voile sur la réalité institutionnelle d'aujourd'hui. Si les établissements étaient de réels lieux de vie, si l'on pouvait y « vivre sa retraite comme à la maison », si c'était un lieu de chaleur, de communication, d'échanges, de solidarité, l'entrée en maison de retraite serait moins difficile et douloureuse pour la personne elle-même et pour son entourage (même si le fait de quitter son domicile habituel restera toujours une épreuve), les proches auraient moins peur de parler à leur parent d'une entrée éventuelle en institution, les pathologies et les décès dans les premiers mois seraient moins nombreux. Le silence sur l'avenir ou le mensonge qui accompagne encore trop souvent le « placement » de personnes âgées témoigne de la représentation plus ou moins consciente, chez bon nombre de citoyens, de la vie en institution.

Il est donc essentiel de préparer l'entrée en institution. Pour en saisir l'importance, il est peut-être nécessaire d'essayer de s'imaginer, ne serait-ce qu'un bref instant, l'effet que peut faire d'arriver seul dans un lieu inconnu, où tous les visages sont étrangers, où les espaces sont démesurés et rendent difficile l'orientation. Quels peuvent être les pensées et les sentiments d'une personne qui se retrouve le soir dans une chambre qu'elle ne connaît pas, dans un cadre de vie qu'elle n'a pas pu, un tant soit peu, s'approprier, où elle ne reconnaît plus ni bruits, ni odeurs, ni sensations familières ? Il est peut-être plus facile de sentir les conséquences possibles d'un tel changement pour ceux et celles qui ont vécu une hospitalisation ou le « transfert », pour une raison ou une autre, dans un lieu inconnu, ou tout simplement même l'anxiété temporaire de l'arrivée solitaire dans un club de vacances où on ne connaît encore personne.

En outre, le rythme de vie, les habitudes, les repères habituels du nouveau résidant vont être bouleversés : ses heures de lever, de repas, de coucher vont être singulièrement et brutalement modifiées ; il vivait seul, il se retrouve soudain au milieu d'une collectivité importante ; il connaissait les moindres recoins de sa maison, il n'arrive plus à se repérer dans ces locaux immenses à ses yeux... Et l'on sait que la capacité d'adaptation du sujet diminue avec l'âge, de même que sa résistance au stress.

Comme il est indiqué dans la Charte des droits et libertés de la personne âgée, préparer l'entrée en institution, associer la personne âgée, même diminuée psychiquement, à la décision, est un élément majeur.

Lorsque le maintien à domicile n'est plus possible, la réflexion sur l'orientation des personnes âgées doit être globale. Dans la recherche de solutions, la réflexion doit prendre en compte la personnalité, l'âge de la personne et sa situation, dans ses aspects médicaux, psychologiques, familiaux, environnementaux. L'évaluation devrait se faire en concertation avec la personne elle-même, avec la participation de l'équipe médicale, de la famille et de l'entourage, et d'un travailleur social. La préoccupation sur le devenir de la personne âgée et le choix de son lieu de vie devraient être précoces et préventifs, de façon à mieux la préparer au changement avant toute situation d'urgence. Si le sujet concerné peut être acteur des décisions qui le concernent, peut-être souffrira-t-il moins de son entrée en institution et ne subira-t-il pas les effets souvent désastreux d'un placement en urgence, qui tend à devenir une des formes de placement les plus fréquentes. Mais le développement d'une telle démarche nécessite que médecins généralistes (qui sont souvent les premiers à dire à la personne âgée elle-même ou à sa famille qu'elle ne peut plus rester toute seule chez elle et qu'il faudrait songer à une maison de retraite), travailleurs sociaux et citoyens en général bénéficient d'une information et d'une formation plus poussées sur les conditions d'un « bon accueil » en établissement.

C'est un arrangement avec nous-mêmes que nous faisons lorsque nous pensons que le sujet « n'y verra que du feu » dans les « histoires » que nous allons lui raconter en lui disant qu'il est en maison de convalescence pour quelque temps, juste pour se reposer... Même si, pendant quelques semaines, voire quelques mois, la personne nous donne le sentiment qu'elle est dupe, ce qui peut d'ailleurs être un moyen pour elle aussi d'éviter d'être confrontée à la « dure réalité », le doute vient rapidement s'installer. Le résidant va donc finir par sentir que quelque chose « ne colle pas », qu'il y a de la gêne, du mensonge dans l'air. Il va alors souvent « à la pêche » d'informations plus précises auprès du personnel de l'établissement à travers des questions comme : « Où suis-je ? C'est quoi ici, un hôpital ? Quand est-ce que je rentre chez moi ? Je vais bien maintenant, pourquoi suis-je encore ici ? Quand est-ce que mes enfants vont venir me chercher ? » Nous mettons facilement ces questions parfois inlassablement répétées sur le compte des troubles de la mémoire et de la désorientation qui peuvent accompagner le grand âge.

Et s'il s'agissait simplement de la recherche de la « vraie » réponse, que la personne sent plus ou moins consciemment et dont elle cherche la validation, si ce n'est par sa famille, au moins par le personnel de l'établissement ?

Ne nous leurrons cependant pas : même si la personne est préparée longtemps à l'avance par ses proches, son refus catégorique d'entrer en institution est toujours possible. C'est là que nous sommes confrontés aux problèmes humains et éthiques les plus douloureux. À partir de quel risque, de quel danger pour elle-même ou pour les autres, avons-nous le droit de lui faire la violence d'une entrée « forcée » en institution ?

En ce qui concerne la personne reconnue démente,

son incapacité à contracter est juridiquement admise. Mais, quand bien même il existerait une mesure de tutelle, cela ne dispense en rien d'informer l'intéressé des projets en cours le concernant, afin de ne pas le placer uniquement dans une situation de contrainte. La préparation de la personne diminuée psychiquement peut se faire en lui parlant régulièrement de l'éventualité du placement, en lui permettant de se familiariser avec la structure lors de visites répétées ou d'un séjour temporaire.

Il s'agit, par la parole, par l'écoute, de tendre à l'instauration d'une dynamique relationnelle qui, à défaut de favoriser une relative harmonisation des désirs des uns et des autres, peut permettre au sujet de continuer à être considéré comme un être humain concerné par les décisions se rapportant à sa vie.

L'opportunité de l'entrée en institution devrait être discutée systématiquement en présence du sujet concerné, car, même si la famille déclare que « de toute façon il ne comprend rien », ou, comme dans l'exemple développé, qu'il « ne se souviendra de rien quelques heures plus tard », j'ai pu observer maintes fois combien la personne, si détériorée soit-elle, entend, commente éventuellement ce qui est dit, est présente d'une certaine façon, à sa façon, dans l'échange qui la concerne. Même si ces constats sont marqués par la subjectivité, les réelles capacités d'entendement et de jugement du sujet n'étant pas connues, il est simplement question du respect de la dignité humaine, de maintenir l'être humain, quels que soient son état de dépendance et de perte d'autonomie ou la difficulté de communication induite par la démence, dans un état de sujet.

Cependant, une information préalable et une bonne préparation n'éviteront pas certains placements contre le gré de la personne. Mais nous aurons au moins tenté de limiter les effets parfois désastreux de tous ces mensonges assenés sous couvert de démence ou de perte de mémoire.

L'agressivité, la violence, les pleurs, voire les menaces de suicide peuvent se manifester au moment de l'entrée, même si celle-ci a été préparée de longue date.

Il serait illusoire de laisser penser que l'information et la discussion préalables vont permettre d'aboutir presque à coup sûr au consentement. La famille va parfois vivre pendant des semaines la colère de leur parent générée par toute tentative de discussion sur l'éventualité d'une entrée en maison de retraite. Tous ces efforts peuvent se solder par des moments particulièrement douloureux où tout y passe : l'accusation d'abandon, la culpabilisation (« Après tout ce que j'ai fait pour vous ! »), les menaces (« De toute façon, je m'échapperai »), même le chantage au suicide. Dans ces circonstances, on comprend que les familles préfèrent repousser le plus loin possible le moment de l'annonce du placement.

Lorsque j'ai l'occasion de rencontrer les proches avant l'entrée en établissement de leur parent, parfois même avant son information, j'essaie de manifester ma compréhension face à ces hésitations. Mais j'essaie aussi d'expliquer combien il est important de parler à son parent des raisons qui poussent à cette décision et de son vécu personnel, de ses sentiments propres : « Nous ne pouvons plus assurer, nous avons atteint nos limites », « Nous nous inquiétons trop pour ta sécurité, ta santé », « Même avec des aides, tu ne peux plus rester seul, pour telle et telle raisons », « Je comprends combien c'est difficile pour toi »... Montrer que l'on est sensible et compréhensif à propos de toutes les émotions générées par l'éventualité du placement, et parler en même temps de son impossibilité personnelle à continuer à assumer la situation dans les mêmes conditions.... Position difficile s'il en est...

Même si tout n'a pas été résolu, même si nous ne pouvons éviter la violence d'un placement non consenti, nous aurons au moins tenté de limiter les effets parfois désastreux de tous ces mensonges assenés sous couvert de démence ou de perte de mémoire. Même si tout ne se passe pas comme nous le souhaiterions, nous aurons au moins œuvré dans le sens du respect de la dignité de la personne.

L'histoire fictive (mais fondée sur des événements vécus) de l'arrivée en institution de Mme Rodriguez pose également le problème de la relation avec la personne âgée confuse, désorientée, démente.

Classiquement, la démence sénile est marquée par une déficience des fonctions mentales : mémoire, orientation, compréhension, langage, jugement, fonctions motrices. Des perturbations psycho-affectives, des troubles du comportement sont souvent associés : agressivité, levée des inhibitions verbales et non verbales pouvant conduire à des propos grossiers, à des conduites d'exhibitionnisme, etc.

À la démence, ont été traditionnellement associées une perte irrémédiable des facultés, la progressivité et l'incurabilité des atteintes reliées à une origine organique, ce qui peut conduire à une invalidation des propos et comportements de la personne atteinte de cette affection : à quoi bon écouter et parler à une personne « insensée », à quoi bon s'intéresser à ce qu'elle dit ou fait puisqu'elle n'a plus la raison et que rien ne fera qu'elle la retrouve ? L'absence d'affectivité du patient serait un fait entendu, comme si affectivité et raison étaient irrémédiablement liées, comme si perdre la mémoire, être confus, incohérent, délirant, empêchaient de sentir. Comme on l'entend si souvent, y compris devant la personne concernée :

« De toute façon, elle ne se rend pas compte », « Elle est indifférente », « Elle ne comprend pas »... La personne démente n'existe même plus comme sujet, interlocuteur potentiel ; toute tentative de communication avec elle est perçue comme vaine et conduit soignants, famille et proches à parler d'elle, en sa présence, comme si elle n'était pas là, en employant en général la troisième personne, comme si elle n'entendait pas et ne comprenait rien à ce qui la concerne directement. On ne lui parle pas, on parle d'elle : l'éliminer ainsi de la communication qui nous fait être humains, n'est-ce pas la condamner à n'être plus sujet et à perdre encore davantage la raison ? Il semble qu'il suffise de dire : « Il a perdu la tête », « Elle est démente », pour nous affranchir de toute tentative de communication. Lorsque, de surcroît, la personne démente devient une gêne par son agressivité, ses cris, sa turbulence, ses fugues, des manifestations plus ou moins inconscientes de rejet apparaissent. La démence nous renvoie à notre possible devenir : « Et si j'étais comme ça dans mon grand âge... », « Il vaut mieux être mort que dans cet état » sont des paroles assez fréquemment entendues et qui témoignent de notre peur. Ce qui nous perturbe le plus dans le contact avec les personnes diminuées psychiquement, c'est la difficulté de communication qui est vécue comme une impossibilité. Côtoyer les déments, c'est se confronter à l'apparent non-sens, au risque d'une identification qui nous ferait éprouver de manière trop intense l'angoisse de perdre la raison. Le fonctionnement psychique humain est tel que, lorsque quelque chose nous fait peur, nous avons tendance à le rejeter. Le discours dominant sur l'origine organique des démences et leur incurabilité, en nous confortant dans l'idée qu'« il n'y a rien à faire », nous permet de mettre à distance notre peur et notre culpabilité.

On en arrive alors à croire que la personne non seulement ne pense plus, mais que, de surcroît, elle ne sent plus, qu'elle est non seulement « insensée », mais aussi « insensible ». On voit des familles ne plus venir voir leur parent sous prétexte qu'il ne se rendrait même pas compte de la visite de ses proches, parce qu'il ne les reconnaît pas, et qu'il aura oublié qu'ils sont venus quelques minutes après leur départ. On rencontre également des soignants qui conseillent aux familles d'espacer leurs visites parce que, après leur départ, la personne est perturbée. C'est ainsi qu'il y a quelque temps le fils d'une résidante est venu me trouver, complètement perturbé par l'intervention d'une infirmière qui lui avait demandé de venir voir sa mère moins souvent, car, après son départ, elle était perturbée, la déambulation et les fugues étant alors plus fréquentes ! Du bien-être de qui s'agissait-il dans cette recommandation ?

Il est fréquent d'entendre dire que les personnes très âgées retombent en enfance. Outre le côté éminemment discutable de cette affirmation, il est à noter que, même si elles ont des comportements qui peuvent évoquer ceux de jeunes enfants, nous ne faisons plus preuve de la même patience, ni de la même indulgence à leur égard. Ce que nous acceptons de la part d'êtres « en devenir », nous ne pouvons plus le supporter de la part de sujets qui ont leur vie derrière eux.

Il n'est pas question ici de culpabiliser soignants et proches, car nous sommes tous porteurs des représentations collectives et faisons confiance aux discours scientifiques, davantage encore lorsqu'ils nous permettent de nous arranger avec notre inconscient. Il est, par ailleurs, important de prendre en compte la profonde souffrance qui peut être attachée à la vision de son parent en train de perdre la raison et ses capacités, de se démentifier ; ne plus être reconnu par son propre père ou sa propre mère peut représenter une épreuve terrible à surmonter. L'inversion des rôles qui peut alors se produire (les enfants deviennent les parents de leurs propres parents) représente un grand bouleversement dans la dynamique familiale. Il y a un travail de deuil à faire : deuil du parent tel que nous l'avons connu, deuil de la relation que nous avons eue ensemble. Faute d'un soutien psychologique, la seule issue possible pour certaines familles sera d'éviter la confrontation avec cette image et ces sensations insupportables en espaçant leurs visites, en préférant rester sur « une bonne image » de leur proche, celle de « quand il était encore bien ».

Cependant, un certain nombre d'auteurs, médecins, psychiatres relativisent cette approche des démences selon laquelle « il n'y aurait rien à faire », si ce n'est répondre aux besoins physiologiques élémentaires, en posant la question d'éventuels facteurs psychologiques dans l'origine de ces atteintes des fonctions intellectuelles.

Et si la démence avait un sens ? Et si la personne signifiait là une souffrance ? Sans qu'il soit question d'affirmer un point de vue purement psychologique, il s'agit simplement de faire l'hypothèse que de nombreux facteurs peuvent être en cause, et donc de revendiquer pour les personnes démentes le bénéfice du doute quant à l'existence d'une vie psychique inconsciente et d'une affectivité. Comme le souligne Jean Maisondieu : « Si le diagnostic de démence est une condamnation, peut-être suffit-il d'amnistier les déments pour qu'ils s'améliorent ou guérissent. Changeons de regard et ils changeront de look. Faisons preuve d'imagination créatrice et non destructrice[1]. »

1. Jean Maisondieu, *Le Crépuscule de la raison*, Bayard, 1989, p. 42.

En conceptualisant de nouvelles hypothèses, en laissant une ouverture pour qu'un regard neuf vienne se poser sur la démence, c'est la question de la dignité de la personne que nous remettons au centre de la réflexion et des pratiques. Accepter de reconnaître le dément comme un être ayant encore des besoins, éprouvant encore des sentiments et des émotions, et donc encore doté d'affectivité, même s'il ne l'exprime pas verbalement de manière claire, c'est reconnaître l'inaliénable humanité et dignité de tout être humain. C'est avoir la conviction que les sujets sont concernés par ce qui se passe autour d'eux et sont perméables aux messages que nous leur adressons, au moins de manière non verbale. De telles attitudes sont de nature à modifier radicalement la relation que nous avons avec la personne démente, même si elles ne nous ouvrent pas pour autant de réelles perspectives thérapeutiques dans une approche curative.

De surcroît, qui a côtoyé des personnes atteintes de démence sait que l'observation vient de temps à autre contredire la certitude d'une perte définitive des facultés. Il se produit parfois des retours aussi imprévisibles que momentanés de capacités intellectuelles que l'on croyait irrémédiablement perdues. Telle personne ne parlant plus depuis des mois va soudain retrouver la parole pour chanter un couplet d'une vieille chanson ; telle autre va tout à coup reconnaître un objet ayant fait, pendant longtemps, partie de son univers familier, ce qui atteste le maintien d'une partie au moins de la mémoire ancienne, car elle a stocké des émotions et sentiments signifiants. De telles observations doivent nous conduire à considérer avec prudence le caractère définitif de la perte des facultés et surtout de l'affectivité. Car l'observation témoigne également de la sensibilité des personnes démentes au climat relationnel et nous montre qu'elles ne sont pas aussi indifférentes que l'on peut le croire et aussi imperméables à ce qui se dit à leur propos et à ce qui se passe dans leur environnement.

Je suis persuadée que la personne sent si on s'adresse à elle avec respect, ou bien si on fait comme si elle n'était pas là, comme si elle n'était déjà plus là. Il arrive également que la personne démente ait des éclairs de lucidité. Ainsi, Mme B., qui, depuis que je la connais, n'a quasiment jamais tenu un discours cohérent, me dit un beau jour : « Je crois que je deviens folle, j'ai peur. Je dors quand les autres sont réveillés et je suis réveillée quand les autres dorment, je ne suis pas normale. » (Mme B. déambule en effet une grande partie de la nuit et dort donc une grande partie de la journée.)

Il m'est arrivé à plusieurs reprises qu'une personne démente, au beau milieu d'un discours incohérent, dise soudain : « C'est terrible, je crois que je perds la tête. »

Quant à Mme L., si elle sait qu'elle connaît sa fille, elle mélange un peu toutes les générations et croit souvent que c'est sa mère. Sa fille vient la voir deux fois par semaine, mais Mme L., le lendemain, ne se souvient jamais de la visite qu'elle a eue. Cependant, lorsque sa fille part en vacances quinze jours, Mme L., bien que n'étant pas en mesure d'exprimer quelque chose de cohérent à ce sujet, a un comportement très agité, jusqu'au retour de sa fille.

Comme l'écrit Christian Bobin dans *La Présence pure*, « c'est par les yeux qu'ils disent les choses, et ce que j'y lis m'éclaire mieux que les livres ».

Mon propos n'est pas de présenter une vision idyllique des personnes âgées : toutes ne sont pas aimables, douces, gentilles, respectueuses... Certaines mettent fréquemment notre patience à rude épreuve. Dans les yeux des personnes très âgées, il n'y a pas toujours du bon, du beau, du généreux, du respectueux et du respectable. Mais, si nous nous donnons la peine d'être attentifs, il y a souvent de la détresse et du désespoir.

Ne dites pas à ma mère que je suis aide soignante en maison de retraite : elle croit que je travaille en chirurgie

« Mais chaque jour, peut-être, on peut reprendre le filet déchiré, maille après maille (et ce serait, dans l'espace plus haut, comme recoudre, astre à astre, la nuit...). »

Philippe Jaccottet

5 heures du matin. Le réveil sonne. Il fait nuit noire, il fait froid. Je dormirais bien encore un peu... J'ai terminé mon travail à la maison de retraite hier soir à 22 heures, et je reprends ce matin à 6 h 30. C'est pas facile, ces horaires irréguliers... Moi, je suis plutôt du soir ; alors quand je rentre à 22 h 30 à la maison, je n'arrive pas à m'endormir immédiatement, et le matin, je n'arrive pas à me lever. C'est plus facile quand je suis d'après-midi. Mais on est parfois obligées de tourner, car il faut bien contenter tout le monde ; et puis les résidants, ils ne sont pas tout à fait pareils le matin et le soir ; c'est important de les connaître à différents moments de la journée, de connaître leurs habitudes, leurs désirs, leurs difficultés au lever, pour la toilette, au coucher...

Presque vingt ans que je fais ce métier. J'ai commencé comme A.S.H. [1]*, un nom un peu pompeux et*

1. Agent des services hospitaliers.

cache-misère pour dire qu'on est là pour faire le ménage et nettoyer la merde, tout ça pour un salaire pas très valorisant. Heureusement, j'ai eu la chance de pouvoir faire la formation d'aide soignante payée par la maison de retraite. Mais c'est pas facile quand même. Quand j'ai commencé, les résidants qu'on avait étaient plus valides ; l'établissement était moins grand ; on était vraiment une équipe, on s'entraidait, il y avait une ambiance un peu familiale. On faisait un peu d'animation avec les résidants, des fêtes ; pour Noël, on leur préparait un spectacle qu'on jouait devant eux... C'était encore la bonne époque. Ça peut paraître bizarre, mais moi, je trouve que, par certains côtés, c'était plus humain que maintenant, même pour les résidants. Et pourtant, depuis, l'humanisation est passée par là ! On nous a dit qu'il ne fallait plus dire hospice, mais maison ou résidence de retraite ; les locaux ont été rénovés, agrandis. C'est vrai que ça en avait bien besoin, je ne vais pas dire le contraire. Mais les surfaces ont augmenté (dans mon établissement, après l'humanisation, la surface est devenue une fois et demie plus importante afin d'améliorer le confort des chambres et des lieux de vie commune), mais pas le nombre de personnel (qui est calculé en fonction du nombre de résidants et pas de la surface des locaux). Là où je suis, depuis quinze ans, le nombre de lits de cure médicale n'a pas bougé, alors que les résidants sont devenus beaucoup plus lourds. Donc, pas d'augmentation de personnel. On a peut-être humanisé les locaux, mais peut-être bien qu'avant on avait un peu plus de temps pour parler avec les résidants, même si l'animation et tous les ateliers qu'ils font maintenant n'existaient pas encore en tant que tels.

Maintenant, c'est dur, de plus en plus dur. Je sais bien, j'ai plus 20 ans, je me fatigue plus facilement, mais quand même... L'établissement ressemble de plus en plus à l'hôpital ; les résidants valides et qui ont leur tête, on peut les compter sur les doigts de la main. De façon générale, ils sont de plus en plus dépendants, comme on dit : malades, incapables de se laver tout seuls, de manger seuls ; beaucoup sont en fauteuil roulant ; il y a aussi de nombreuses personnes qui n'ont plus leur tête : elles déambulent toute la journée, elles crient, elles fuguent et il faut leur courir après, elles nous insultent, nous agressent. Et en plus, maintenant, ils nous mettent des malades de l'hôpital psychiatrique qu'ils disent « stabilisés » parce qu'ils savent pas quoi en faire et que la maison de retraite coûte moins cher que l'hôpital. Mais ils ont trente ou quarante ans de moins que les autres, ils ont eu l'habitude d'être davantage encadrés ; à l'hôpital psychiatrique, il y avait plus d'activités. La maison de retraite, c'est pas un établissement pour eux ; ils n'arrêtent pas de nous dire qu'ils s'ennuient, qu'ils dépriment de se retrouver avec tous ces vieux qui sont grabataires ou qui n'ont plus toute leur tête. Et nous, on n'est pas formés pour travailler avec ces personnes ; on a beau dire qu'ils sont stabilisés, il arrive qu'ils délirent complètement, qu'ils soient violents, agressifs ou complètement déprimés ; on leur interdit de fumer dans les chambres parce que c'est dangereux, mais ils n'en ont rien à faire. Il y en a aussi qui rapportent des bouteilles d'alcool de l'extérieur, on ne les voit pas forcément ; ou on les voit, mais on ne sait pas quoi faire parce qu'ils nous menacent. Et après, ils sont ivres alors qu'ils ne devraient pas boire.

Et puis, surtout, on n'a pas le temps. Pas le temps de prendre un peu de temps avec toutes ces personnes. Beaucoup de résidants sont seuls ; ils n'ont plus de famille, plus d'amis, ou bien leur famille vient les voir assez rarement. On sent bien qu'ils auraient envie de parler, qu'ils ont besoin d'un peu de compagnie. Mais on court tout le temps. À l'école d'aides soignants, on nous a appris qu'il fallait environ trente minutes pour faire correctement la toilette d'une personne dépendante, qu'il fallait lui laisser faire les gestes qu'elle est capable de faire encore toute seule et l'aider seulement lorsqu'elle en a besoin. Mais nous ici, on a, en moyenne, dix minutes. Et avec ça, il faut maintenir l'autonomie des personnes âgées, respecter leur rythme, ne pas les bousculer.

Je sais bien aussi qu'il faudrait commencer par lever ceux qui ont l'habitude de se réveiller plus tôt, et finir par ceux qui apprécient de rester un peu plus longtemps au lit. Mais comment peut-on faire ? On est avec notre chariot, on court... et on n'a pas le temps de passer d'une chambre qui est dans une aile à un bout de couloir à une autre chambre qui est dans l'autre aile. Alors on suit les chambres dans l'ordre, et on change seulement tous les jours de côté : ceux qui sont levés très tôt un jour sont levés plus tard le lendemain, et inversement. Il faut tout faire vite.

Il y a des résidants que l'on fait manger ; même avec eux, on n'a pas beaucoup de temps : dix minutes pour leur faire avaler un repas complet. Je me souviendrai toujours de cette résidante qui m'a dit un jour : « C'est pas une bouche qu'on a, c'est un four dans lequel on bourre de la nourriture. »

Il y a aussi ceux qui peuvent encore manger tout seuls, mais qui auraient besoin d'être un peu sollicités, qu'on prenne le temps de leur parler pendant le repas, mais on ne peut pas. Alors ils mangent tant qu'on est là ; et dès qu'on les quitte, l'assiette reste pleine.

Quant à l'incontinence... Il y aurait tant à faire. Il y a des personnes qui arrivent dans l'établissement et qui sont déjà incontinentes ; on leur met des couches systématiquement (pardon, il faut dire des protections, ça fait mieux), alors qu'on s'aperçoit parfois, quand on a le temps de faire un travail avec elles, qu'en les mettant à des heures régulières sur les toilettes, on arrive à progresser. Il y a aussi ceux qu'on rend incontinents : ils sont en fauteuil, ils pèsent lourd, on ne peut pas forcément les emmener aux toilettes chaque fois qu'ils le demandent parce que ça prend du temps, parce qu'on a déjà trop mal au dos ; et puis c'est vrai qu'il y en a qui demandent dix fois par jour, et quand on les emmène, ils ne font rien. Moi j'essaie de les emmener aussi souvent que je peux lorsqu'ils me le demandent ; mais il y a des jours où je suis vraiment fatiguée... alors je passe devant eux, en faisant semblant de ne pas entendre ce qu'ils me demandent. Je sais que je ne devrais pas dire ça ; par la suite, je m'en veux ; souvent, après, je repense à ma période d'hospitalisation où je devais faire dans un bassin ; c'était déjà difficile pour moi et humiliant de ne pas pouvoir me débrouiller toute seule pour mes besoins élémentaires..., alors leur demander à ces pauvres vieux de faire dans une couche ! Parfois, je m'imagine dans leur situation dans quelques dizaines d'années, et je frémis. Je crois que je préférerais mourir plutôt que de vivre ça. Parfois aussi, nous sommes quelques-uns dans l'équipe à vouloir faire du mieux possible, on se promet de les emmener aux toilettes chaque fois qu'ils le demanderont ; et puis on entend une collègue à côté répondre à un résidant qu'il n'a qu'à faire dans sa couche. Alors on en a assez, on s'épuise : à quoi bon essayer de faire quelque chose quand les autres collègues font l'inverse ? La surveillante nous demande bien de faire de la prévention, mais elle n'est pas toujours là pour voir ce qui se passe. Il est bien marqué dans le projet de vie de la maison qu'on doit respecter les droits et libertés des personnes âgées, qu'il est important de préserver leur autonomie. Mais tout le monde ne faisait pas partie du groupe de pilotage qui a travaillé sur ce projet ; et puis vous croyez que ça ferait bien de dire devant un formateur qu'on est trop fatiguées pour emmener les résidants aux toilettes quand ils le demandent ? Des fois qu'il aille répéter ça à la direction.

Autant dire que la réalité des conditions de travail

n'a pas grand-chose à voir avec ce qu'on apprend à l'école d'aides soignants, avec ce qu'il serait bien de faire pour le confort des résidants, leur qualité de vie. Parlez-m'en, de la qualité de vie, c'est le grand thème à la mode : il faut faire de la qualité, améliorer l'accompagnement des résidants en institution, faire de l'établissement un lieu de vie, avec les mêmes moyens qu'avant. Est-ce que tous ces gens qui pondent des beaux textes ont déjà mis les pieds dans une maison de retraite comme la nôtre ? Est-ce qu'ils y ont passé suffisamment de temps pour connaître dans quelles conditions on travaille ? Est-ce qu'ils ont déjà parlé un peu avec des résidants pour savoir qu'on ne vit pas sa retraite en institution « comme à la maison », que beaucoup d'entre eux n'ont pas choisi de venir dans un établissement et qu'ils auraient préféré rester chez eux, quitte à mourir plus tôt ? Est-ce qu'ils connaissent le temps dont on dispose pour les toilettes, les repas, la communication avec les résidants ?

Je ne sais pas pourquoi, j'ai l'humeur plutôt sombre ce matin. D'habitude, je me lève un peu au radar, je fais ma toilette, je me prépare, j'avale un café vite fait et je pars, sans me raconter toutes ces histoires, sans penser à tout ça. C'est peut-être qu'en ce moment, c'est particulièrement difficile : il y a beaucoup de collègues arrêtées, on fonctionne toujours en effectif réduit. Il y a une épidémie de gastro chez les résidants et chez le personnel. Beaucoup sont malades et après, c'est un cercle vicieux : on ne peut pas remplacer tout le personnel absent à cause du budget ; celles qui travaillent se fatiguent encore plus, et après elles se mettent en maladie pour récupérer un peu... Alors, même quand les épidémies sont finies, il y en a toujours qui manquent. Les conditions de travail sont devenues trop dures. Ils ne se rendent pas compte, là-haut, ceux qui pondent les textes, qui fixent les budgets... et qui ne sont jamais dans les établissements pour voir comment ça se passe.

Bon, cette fois, il faut vraiment que j'y aille. Aujourd'hui, j'ai besoin de me mettre un peu de baume dans le cœur parce que je suis fatiguée. Heureusement, ce matin, je suis avec l'équipe avec laquelle je m'entends bien, parce que, avec l'autre équipe, c'est pas facile... Il y en a une qui cherche toujours à vous refiler son travail. Pendant qu'on fait cinq toilettes, elle en fait deux... et encore, en engueulant les résidants ! Il faut bien reconnaître qu'il y en a qui ne font pas leur boulot et qui s'en foutent complètement. Elles prennent les résidants pour des objets qu'on doit manipuler, même pas avec délicatesse ; mais à part quelques brebis galeuses, ça va à peu près !

6 h 20. J'arrive à la maison de retraite ; chaque jour, à ce moment-là, j'ai l'impression de changer de monde ; je passe la grande porte vitrée, et je suis dans l'envers du décor, c'est tout au moins comme ça que je le perçois. Je trouve l'expression « résidence retraite » bien douce, comparée à la dure réalité de cette maison. Ça me fait penser à un petit livre que je viens de lire : « Les infirmes, les vieillards et les agonisants qui la peuplent sont appelés des résidants. *Plus les choses sont dures, plus on leur donne des noms faibles*[1]. *» Cette phrase m'a marquée.*

6 h 30. On va commencer les toilettes ; d'après les veilleurs, la nuit a été plutôt calme, mis à part Mme B. qui a déambulé une bonne partie de la nuit : elle cherchait la cuisine parce qu'elle avait faim, et elle est allée se coucher dans le lit de trois résidants différents !

Il est bien tôt pour se lever, pour des personnes âgées qui ont travaillé toute leur vie et qui aimeraient peut-être dormir un peu plus longtemps. Heureusement, il y en a qui sont déjà réveillées et on va pouvoir commencer par elles. Mais certaines, on est bien obligées de

1. Christian Bobin, *La Présence pure*, Le Temps qu'il fait, 1999, p. 32.

les réveiller. Moi, j'essaie de le faire le plus doucement possible : j'ouvre à peine les volets, je caresse la joue ou le bras de la personne en lui disant bonjour. Je fais comme avec mes enfants lorsque je les réveille pour aller à l'école... sauf qu'il s'agit de personnes âgées qui auraient bien le droit de se reposer autant qu'elles le souhaitent.

Certains sont agréables et souriants dès le début de la journée. Ils ont toujours peur de trop déranger, n'osent rien nous demander. Ils s'excusent de ne plus pouvoir manger seuls, d'avoir sali leur lit, de ne pas pouvoir se lever sans aide.

Il faut bien dire aussi que, parfois, c'est particulièrement dur ; il y en a qui ont mis des excréments partout dans la chambre, dans le lit, sur les murs, la couche est en lambeaux disséminés dans toute la pièce ; l'odeur est parfois difficilement supportable. Cela a beau faire vingt ans que je suis dans le métier, il y a encore des moments où j'ai la nausée. Les jours où je suis un peu plus fatiguée, quand je rentre dans la chambre, j'ai du mal à ne pas avoir un petit mouvement de recul ; je n'ai pas envie d'entrer dans la chambre, je suis un peu en colère parce que cela va me demander beaucoup de temps. Je sais bien que ces personnes ne sont pas responsables, qu'elles n'ont plus leur tête, mais cela n'empêche pas que j'ai parfois envie de les engueuler de s'être mises elles-mêmes et d'avoir mis leur chambre dans cet état.

Nous, de bon matin, on court déjà d'une chambre à l'autre, on pare au plus pressé. On aimerait bien ne pas faire que des toilettes à la chaîne, prendre le temps de leur parler davantage..., mais le temps supplémentaire que l'on prend avec l'un d'entre eux sera au détriment d'un autre.

Il y en a aussi qui vous agressent systématiquement, dès l'entrée dans la chambre, même quand ils sont déjà réveillés.

Tenez, Mme S. qui est arrivée depuis peu de temps, c'est infernal. Plus personne dans l'équipe ne veut aller faire sa toilette et on ne sait plus comment s'y prendre avec elle. Dès qu'on entre dans sa chambre, elle nous dit que ce n'est pas trop tôt, qu'on aurait pu se dépêcher un peu plus. On la met sur les W.-C. *d'abord, et on lui fait sa toilette ensuite, comme elle le demande, mais ça ne va pas. Quand elle a fini aux* W.-C., *elle nous appelle et, si on ne vient pas tout de suite, elle menace de se laisser tomber par terre. Elle dit qu'on la lave avec du linge sale, qu'on la laisse « pleine de merde », elle nous insulte, nous traite de « salopes », nous dit qu'on est méchantes, que le bon Dieu nous punira. On a aussi essayé de la laver au lit, comme elle nous le demandait ce jour-là. Mais ça n'allait pas non plus parce qu'elle allait aux* W.-C. *après et elle prétendait alors se salir à nouveau et qu'on ne la relavait pas assez vite. Après la toilette, c'est le début des récriminations : il faut changer son matelas parce qu'il n'est pas bon ; on lui a déjà changé trois fois : il est trop mou ou trop dur ; maintenant, c'est la faute au sommier : elle sent les fers du lit qui lui rentrent dans les cuisses, il faut lui changer son lit. La fenêtre est trop ouverte, pas assez, le fauteuil est trop près de la table, trop loin. On a fait exprès de laisser sa bouteille d'eau sur la table de nuit, comme ça si elle se renverse, elle mouillera toutes ses affaires ; le drap du lit ouvert touche à peine le sol, c'est sale. Tout le monde est méchant ici et la maltraite. Elle prétend même qu'il y a du personnel qui l'a jetée contre le lit en fer, et depuis, elle a des plaies aux jambes qui ne cicatrisent pas. Elle dit aussi qu'on lui vole son argent.*

Il y a une collègue qui voulait qu'on en parle à la psychologue et à la surveillante, mais dans l'équipe, au début, nous n'étions pas trop d'accord : on avait peur qu'elles croient qu'on maltraitait vraiment Mme S. Après tout, pourquoi elles ne penseraient pas que Mme S. dit peut-être la vérité ? On parle tellement de maltraitance maintenant qu'on a peur que, dès qu'il y a un problème, on n'entende que la parole du résidant, qu'on ne nous écoute pas, nous, et qu'on pense qu'on leur fait du mal. C'est pour ça que plus aucune d'entre nous ne voulait aller s'occuper d'elle. En attendant, on avait décidé d'y aller à deux pour se couvrir.

Finalement, on en a parlé à la psychologue ; elle est allée voir Mme S. plusieurs fois. La surveillante s'est aussi occupée du problème. Il y a eu une réunion de service uniquement pour parler de Mme S. Ça nous a soulagées d'en parler parce qu'on craignait vraiment qu'on ne nous fasse pas confiance ; mais la surveillante et la psychologue avaient aussi évalué la situation et elles nous ont dit qu'elles nous croyaient ; la psychologue a demandé à rencontrer la famille pour voir comment ça se passait avant, pour savoir si le problème existe seulement depuis l'arrivée dans l'établissement. Le directeur et la surveillante ont également rencontré Mme S. pour l'écouter et lui expliquer aussi qu'il n'est pas possible de répondre à toutes ses exigences et que le personnel ne peut pas, malheureusement, passer presque une heure avec elle pour sa toilette. Le problème n'est pas résolu, mais, maintenant, quand on va s'occuper d'elle, on y va moins stressées. On se sent un peu soutenues par l'équipe.

Ce matin, je découvre Mme Rodriguez qui est arrivée hier après-midi. J'essaie d'avoir l'attitude la plus accueillante possible, de lui sourire, de lui dire qu'on se parlera un peu plus tout à l'heure. Elle me répond à peine. Ma collègue me dit que son arrivée ne s'est pas très bien passée, ses enfants ne l'avaient pas préparée auparavant, ni même apparemment informée. De plus, elle est un peu désorientée et confuse.

Elle est arrivée hier dans cette grande institution, et elle se retrouve déjà toute seule, au milieu de toutes ces personnes qu'elle ne connaît pas. Il faudra que je dise aux animatrices de venir la voir rapidement.

Normalement, c'est prévu, mais elles aussi sont un peu débordées : les activités collectives à organiser, les sorties, les visites en chambre. Après tout, elles ne sont que deux pour cent quatre-vingt-dix.

Je vais dans la chambre de Mme T. Je frappe à la porte. On m'a dit en formation que je devrais attendre la réponse du résidant pour entrer, mais je ne sais pas s'ils se rendent compte ! Si j'attendais la réponse, je serais encore devant la porte au bout de deux heures ! Alors, j'entre. J'en ai assez de tous ces gens qui veulent nous donner des leçons alors qu'ils ne connaissent rien à la réalité de terrain ! Ceux qui travaillent avec des personnes âgées comme celles qu'on accueille ici savent qu'il y a des choses qui ne sont pas possibles. Et ce n'est pas pour ça qu'on ne respecte pas les résidants, comme ils le prétendent !

Mme T. m'accueille avec un sourire, tout en me disant que ça fait longtemps qu'elle m'attend. Mme T. est bien sympathique, pas contrariante, mais elle est d'une extrême pudeur. On se connaît maintenant depuis plusieurs mois, mais quand on commence à soulever le drap, elle tire toujours sa chemise de nuit le plus bas possible. Après, pendant tout le temps où je la lave, j'essaie de la distraire, de lui parler, de plaisanter, mais je la sens très raide. Elle est bien handicapée, et quand il faut que je la tourne sur le côté, je me fais mal au dos, tellement elle résiste. Je dois reconnaître que ce n'est pas très agréable de se faire laver par quelqu'un, mais que faire ?

Il y a cependant des personnes à qui cela fait plaisir qu'on s'occupe d'elles. C'est le cas de Mme C. Lorsque j'arrive, elle s'excuse de ne pas être coiffée, de ne pas avoir pu mettre elle-même son appareil dentaire et de se présenter à moi dans une telle tenue. « J'étais très coquette. J'avais toujours de jolies robes que je cousais moi-même ; il n'y avait pas un jour où je ne me serais pas maquillée ; de toute façon, mon mari n'aurait pas apprécié : il voulait me voir élégante, séduisante. J'aimais beaucoup les bijoux, mais aujourd'hui, à quoi bon ? Pour qui les porter ? » Je lui dis qu'elle est encore très jolie (ce qui est vrai), et que je suis justement là pour l'aider à se faire belle. Je sens qu'elle aime le contact par la parole, par le sourire, par le toucher. J'ai l'impression qu'elle se sent alors reconnue dans sa personnalité de femme coquette, élégante et de bonne famille. Elle me demande souvent de la masser à un endroit où elle dit avoir mal. Lorsque le moment où je vais la quitter approche, elle joue les prolongations en me demandant de déplacer sa sonnette, de remettre son oreiller en place, comme pour prolonger encore un peu ce moment de proximité et d'intimité.

Il me reste encore la toilette de Mme L. avant la pause. C'est une personne très exigeante, qui se plaint en permanence de ses douleurs, de ses enfants qui ne viennent pas la voir assez souvent. Mais elle aime bien que je lui parle de ma famille ; elle me demande toujours des nouvelles de mes enfants, de mon mari, de ma santé. Je sens bien qu'elle est parfois très revendicative pour qu'on s'occupe d'elle. Il y a des jours où elle sonne en permanence, souvent pour pas grand-chose ; on fait ce qu'on peut, mais ces personnes angoissées et seules auraient besoin de beaucoup plus de présence. En plus, comme elle est très forte et handicapée, on est obligées d'utiliser le lève-malade pour la déplacer. Et elle ne supporte pas « la grue », comme elle dit. Alors elle crie parce qu'elle a peur. Je comprends que des personnes âgées puissent être impressionnées par ces engins et par le fait de se retrouver suspendues en l'air, même si ce n'est pas très haut. On nous a appris dans les formations à utiliser au maximum le lève-malade pour éviter de nous faire mal au dos. Mais ça prend du temps, c'est pas facile à déplacer et à manipuler dans des chambres souvent trop petites, et nombre de personnes âgées n'apprécient guère. Alors beaucoup d'entre nous ont des problèmes de dos.

8 h 45. Après le service du petit déjeuner, c'est la pause. Ouf! Un petit moment pour souffler et causer avec les collègues. Le temps d'un café, et après on repart sur le même rythme. Je reconnais que de temps en temps, on prend un peu plus d'un quart d'heure de pause. Il est même des jours où ça dure une demi-heure. Quand la surveillante s'en aperçoit, elle nous rappelle à l'ordre ! Mais c'est vraiment pas facile d'être toute la journée avec des vieux comme ceux qu'on a maintenant dans les établissements. Il y a ceux qui crient presque sans arrêt ; il y en a qui vous suivent et ne vous lâchent pas d'une semelle pendant tout le temps où vous êtes là, en vous posant cent cinquante fois la même question, en vous répétant inlassablement les mêmes choses ; il y a ceux qui se disputent, ceux qui sont alités, qui souffrent et qu'il faut aller voir souvent ; il y a les malades psys qui vous sollicitent toute la journée pour un oui, pour un non, peut-être simplement parce qu'ils ont besoin de parler ou qu'on s'occupe d'eux. Il faut aussi s'occuper des familles : certaines sont sympas, très compréhensives et d'une grande gentillesse ; mais beaucoup sont de plus en plus exigeantes : elles paient, elles ont donc droit à tout ! Il faudrait presque ne s'occuper que de leur parent ; qu'on l'emmène aux animations, même s'il n'est pas d'accord ; il faudrait que le médecin le voie tous les jours, même s'il n'en a pas besoin ; on ne lui a pas mis les vêtements qu'il fallait ; il ne faut pas lui dire qu'il est en maison de retraite mais dans une maison de repos ; il ne faut pas lui dire que son appartement a été vidé ; il faut le changer de chambre parce qu'il ne s'entend pas avec son voisin... et puis comment ça se fait que dans cette maison il y ait tant de personnes qui ont perdu la tête ? Il faudrait les séparer de ceux qui sont bien, parce qu'ils perturbent, rentrent un peu dans n'importe quelle chambre, agressent les autres ou ont des gestes déplacés. « C'est quand même malheureux de voir ça... De toute façon, ils ne se rendent compte de rien, alors pourquoi les laisser avec les autres ? » Et nous, on ne sait pas toujours quoi répondre.

Parfois aussi, quand arrive la fin de la journée et que quelqu'un vient encore nous agresser en nous demandant où est la combinaison beige de sa mère, il arrive que j'aie envie de l'envoyer bouler. Y a des jours comme ça où on se fait engueuler par tout le monde ; et en plus, c'est pas forcément nous qui sommes responsables ! Il faut avoir les nerfs solides !

Il arrive que la psychologue vienne boire le café avec nous, à la pause ; on discute de tout, de rien, parfois de notre fatigue et de notre ras-le-bol ; il nous arrive aussi de parler de certains résidants avec qui c'est difficile, ou bien de lui poser des questions à propos de l'établissement ; avec elle, on ose un peu plus qu'avec les surveillantes ou le directeur, alors on lui demande si la direction se rend compte combien notre travail est difficile, si le manque de personnel est propre à notre établissement ou si c'est partout pareil. Parfois aussi on parle de nos émotions. Tiens, par exemple, l'autre jour, Mme B. est décédée alors qu'on ne s'y attendait pas du tout. Elle était là depuis huit ans, et tout le monde l'aimait bien. Elle était d'une telle gentillesse... Pourtant, elle en avait vu dans sa vie ! Moi, il m'arrivait même d'aller parler un petit moment avec elle quand je saturais un peu de ne voir que des résidants très dépendants, malheureux, qui ne demandent qu'une chose, mourir. Ça me faisait du bien quand je voyais son grand sourire et ses yeux si brillants et chaleureux. Le matin, lorsque je suis arrivée et que j'ai appris qu'elle était décédée deux heures plus tôt, je n'arrivais pas à y croire ; je suis allée la voir dans sa chambre, sur son lit, et là j'ai pleuré, pleuré. Je n'arrivais pas à contenir ma peine et à arrêter mes larmes pour aller m'occuper des autres résidants. M'imaginer que je ne la reverrais plus alors que la veille encore je lui avais fait sa toilette. Nous avions même plaisanté...

Parfois, je me dis que c'est trop dur, que je m'attache trop aux résidants, qu'il faudrait peut-être que je change de métier. Comment ne pas s'attacher à des personnes dont on s'occupe depuis plusieurs années ? Ce matin-là a été particulièrement pénible ; il est si difficile d'être avec les autres résidants dont on a à s'occuper lorsqu'on éprouve une telle peine. Toute la journée, je n'ai fait que penser à Mme B.

Bon, mais ça, c'est les mauvais jours ! Heureusement, c'est pas toujours comme ça ! La pause nous permet de nous détendre, de rire un peu entre nous parfois aussi, de souffler... pour peu que deux ou trois résidants ne se mettent pas à sonner en même temps !

On se fait le café, parfois l'une ou l'autre apporte des croissants ou un gâteau et on reprend un peu d'énergie avant de recommencer.

9 h 05. On y retourne ! On va continuer les toilettes pendant que les autres collègues poursuivent le ménage.

Il y a aussi Mme V. ; elle, c'est un amour : toujours contente, elle ne fait jamais de reproches. Elle nous dit qu'elle comprend que notre travail est dur, qu'elle peut bien attendre, même si c'est un peu long, parce qu'elle, elle a tout le temps. Elle me parle de sa vie autrefois, de son mari qui était adorable, de ses enfants qui sont si gentils avec elle. Elle me dit toujours qu'elle a eu une belle vie, même si elle a eu des coups durs, et qu'elle ne regrette rien de ce qu'elle a fait. Bien sûr, maintenant, c'est un peu plus difficile, mais quand elle n'a pas le moral, elle pense à tous les moments heureux qu'elle a vécus, et c'est comme si elle les revivait. Sa chambre est remplie de photos, certaines très anciennes (celles de ses parents, de son mariage, de ses enfants petits), d'autres, beaucoup plus récentes (ses petits-enfants, arrière-petits-enfants). Régulièrement, elle me montre les nouvelles photos qu'on lui a envoyées. Je ne sais pas pourquoi, mais, à travers ces photos, je sens une famille qui respire le bonheur, la sérénité, la générosité.

Et ça me fait tellement de bien d'entendre une résidante me dire qu'elle a été heureuse et qu'elle a eu de la chance. Elle a conscience de son âge, du peu de temps qui lui reste, mais elle me dit qu'elle n'a pas encore envie de mourir. Elle sait que son mari « l'attend là-haut », mais qu'il est aussi sûrement très heureux de savoir qu'elle aime encore la vie ; d'ailleurs, il lui a fait promettre, avant de mourir, de continuer à être heureuse et de garder sa bonne humeur.

Elle me recommande toujours de profiter pleinement des bons moments de la vie, « parce que, vous savez, ça passe tellement vite ». Elle me remercie souvent de ma gentillesse, me dit qu'elle prie souvent pour moi, et, juste avant que je la quitte, elle me demande si elle peut m'embrasser, ce que j'accepte bien volontiers.

Quand je sors de sa chambre, c'est comme si j'étais regonflée d'énergie. Mais, parfois, je ne peux m'empêcher de penser qu'un jour elle disparaîtra, elle aussi, et que cela sera probablement très dur pour moi.

Le rythme reste très intense jusqu'à l'heure du repas des résidants.

11 h 30. Il faut maintenant amener tout le monde à la salle à manger. Tiens, il manque Mme Rodriguez ! On la cherche partout : dans sa chambre, dans la salle de vie, à l'infirmerie ; on va voir en bas dans le jardin : il n'y a personne. On prévient la surveillante : on élargit la recherche à tous les étages, toutes les chambres ; elle envoie les hommes des services techniques la chercher en voiture.

Heureusement, au bout de dix minutes, ils la ramènent ! Ouf ! Apparemment, d'après ce que disent les hommes[1]*, elle est montée assez facilement dans la voiture. Ce n'est pas toujours le cas lorsqu'une personne*

1. C'est ainsi qu'on nomme souvent les employés des services techniques, peut-être parce que, hormis dans ce service, il n'y a pas beaucoup d'hommes parmi les agents de l'établissement.

fugue. Par exemple, l'autre soir, avec M. B., ça n'a pas été facile ; il était sorti ; c'était l'heure du repas, la nuit tombait et il commençait à faire froid. Il ne voulait absolument pas rentrer. On a d'abord essayé nous-mêmes de le faire rentrer. Puis on a fait appel à la psychologue et à un agent administratif, parce qu'il fallait qu'on amène aussi tous les autres résidants au repas.

Ils ont essayé de se promener un moment avec lui, de lui parler, mais il n'y a rien eu à faire. Il hurlait, il voulait appeler la police. Il a fallu que deux hommes viennent le prendre en voiture et le ramènent de force. Je sais que c'est violent, mais pouvait-on le laisser dehors ? On a déjà eu des ennuis plusieurs fois avec des personnes qui avaient fugué ou qui étaient parties et qui n'ont pas su retrouver la maison de retraite. Il y a quelques mois, un résidant a même passé la nuit dehors. Pourtant du personnel de l'établissement et les gendarmes l'avaient cherché ; mais il était tombé en contrebas d'un chemin, il s'était un peu blessé et n'avait pas pu s'en sortir de lui-même. On l'a retrouvé seulement le lendemain, contusionné et traumatisé, mais vivant. Quel soulagement !

Dans ces cas-là, même si l'on sait qu'on a fait tout ce qu'il fallait, on se sent toujours un peu responsable : est-ce qu'on l'a assez surveillé, est-ce qu'on s'en est aperçu assez tôt ? On dit qu'il ne faut pas enfermer les résidants, et je suis bien d'accord, mais le problème, c'est que, lorsqu'il arrive quelque chose, l'établissement et certains membres du personnel peuvent être tenus pour responsables.

Enfin, maintenant ça va un peu mieux parce que le directeur a fait installer un système anti-fugue. Les résidants désorientés et qui ont besoin de déambuler ont un bracelet avec un système électronique. Lorsqu'ils passent un des portillons de l'établissement, le personnel et les surveillantes sont prévenus par une sonnerie sur leur bip. Ça nous permet de ne pas faire de service fermé pour les personnes qui fuguent, comme cela se fait dans certains établissements, et de réduire les contentions physiques (mot savant qui fait moins brutal que de dire qu'on les « attache »).

Pour le repas, c'est pareil, nous manquons de temps. Et dire qu'il ne reste quasiment que ça à certaines personnes comme plaisir. Pour ceux qui arrivent à manger seuls, c'est bien. Le problème, c'est ceux qui ont besoin d'aide ou de sollicitation pour manger.

Aujourd'hui, Mme M. n'arrête pas de se lever et de sortir de table ; je vais la chercher et, deux minutes plus tard, elle est déjà repartie déambuler dans les couloirs. Elle fait ça toute la journée ; elle marche en permanence et c'est toujours très difficile de faire en sorte qu'elle reste assise suffisamment longtemps pour absorber son repas. Il faut lui courir après toutes les trois minutes tout en faisant manger les autres résidants. Aujourd'hui, après être allée la rechercher quatre fois, je craque ; je lui dis en criant un peu que j'en ai assez, que je n'ai pas que ça à faire, qu'il n'y a pas qu'elle dans la maison ! Je la reconduis un peu brusquement à table. À côté de moi, ma collègue s'énerve aussi avec un résidant qui mange très salement : « Ça suffit ! Vous en mettez partout ! À croire que vous le faites exprès ! » Il y a de l'électricité dans l'air ! Il faut dire que depuis quelques jours, c'est particulièrement dur : il y a beaucoup de malades, certains résidants sont particulièrement agités, et nous, nous sommes fatiguées. Je sais bien que je n'aurais pas dû m'énerver après Mme M., mais j'ai pété les plombs ! Aller la chercher en permanence pour qu'elle s'alimente un peu, tout en ayant conscience de tout le travail que j'ai à côté et des autres résidants qu'il faut que j'aide à manger, ça m'épuise !

Nous terminons le repas tant bien que mal et raccompagnons les résidants dans leur chambre ou dans la salle de vie.

Nous avons maintenant notre pause repas. J'avale

une salade que j'ai apportée de la maison. Le calme est revenu. Une collègue a besoin de parler. Son mari l'a quittée il y a peu de temps, après avoir fait de nombreux crédits ; elle va être expulsée de son appartement et sa fille a des ennuis de santé. Elle déprime. Je l'écoute parce que je sens qu'elle est au bout du rouleau. Elle me demande de ne rien raconter aux autres. Je comprends qu'elle prenne cette précaution. Ici, lorsque vous dites quelque chose à quelqu'un, ça a vite fait de faire le tour de l'établissement. Certains employés prennent un malin plaisir à parler des collègues, de leurs ennuis ou de leurs histoires. Il y a même beaucoup d'événements qui sont inventés. Les rumeurs et les bruits de couloir peuvent faire beaucoup de mal ; je sais que c'est partout pareil, d'après ce que j'entends dire, mais je trouve ça dégueulasse.

Les relations avec les collègues ne sont pas toujours faciles. Y a des filles avec qui ça colle tout de suite, on travaille de la même façon. Mais y en a d'autres qui veulent imposer leur loi, leur manière de faire. C'est même arrivé qu'il y en ait qui me prennent à part pour me dire que je travaillais trop. Quand je suis avec des filles avec lesquelles je ne m'entends pas, je trouve que le travail est encore plus fatigant.

13 h 30. Après avoir trié et distribué du linge propre aux résidants, nous avons la réunion de service. Les filles d'après-midi sont arrivées. La surveillante, une infirmière, une animatrice et la psychologue nous rejoignent. Tout en prenant le café ensemble, nous parlons de tous les résidants du service. Aujourd'hui, l'ambiance est détendue ; nous plaisantons, nous rions, tout en traitant des problèmes rencontrés avec quelques personnes.

Parfois, on a des réunions de régulation d'équipe avec la psychologue. On peut dire ce qui va ou ce qui ne va pas entre nous. Mais c'est pas toujours facile de parler, parce qu'on ne sait jamais comment ça va être pris par les collègues. Les conflits, c'est pas toujours facile à gérer. C'est bien beau de dire les choses, mais après on continue à travailler avec la même collègue. Alors, si elle vous fait encore plus la gueule...

14 h 30. La journée de travail est finie ! Je me sens lessivée. Retrouver l'extérieur me fait du bien.

Heureusement, lorsque j'arrive, les enfants sont encore à l'école, ce qui me permet de me reposer une demi-heure avant de me remettre aux travaux ménagers.

J'ai le sentiment de faire un beau métier et d'être utile. Même si c'est difficile, le contact avec les personnes très âgées m'apporte beaucoup. Et il leur reste si peu de chose que lorsque vous leur donnez un peu de temps, un peu de gentillesse et de chaleur, elles vous en sont infiniment reconnaissantes. Grâce à une formation qu'avait organisée l'établissement et à laquelle j'ai participé, j'ai pris conscience, au bout de dix-neuf ans de travail, que si je fais ce métier, c'est pour tenter de me racheter de ce que je n'ai pas pu faire avec mes parents. Ils sont partis trop vite ; ils habitaient loin, et je ne les ai pas accompagnés comme j'aurais dû, comme eux ont si bien su le faire lorsque j'étais petite ; je n'ai pas pu prendre un tout petit peu soin d'eux lorsqu'ils en avaient besoin ; je n'ai pas pu leur dire ce que j'aurais eu envie de leur dire et je n'ai pas pu leur dire au revoir. La formation a été bien pour ça ; après, je suis même retournée sur leur tombe, j'ai fait faire une magnifique composition comme s'ils étaient morts la veille. Sous le tilleul de leur ancienne maison, j'ai enterré un objet auquel je tiens beaucoup, en signe de reconnaissance et pour que cet arbre et la terre de leurs origines gardent la mémoire de l'amour que mes parents m'ont donné. Ça peut paraître idiot, mais ça m'a fait beaucoup de bien.

À travers cette journée d'une aide soignante en maison de retraite, j'ai voulu essayer de parler de ce qui peut se jouer dans ce difficile travail auprès des personnes âgées, sans, pour autant, avoir la prétention d'être exhaustive. Si nous nous préoccupons de plus en plus de la maltraitance des personnes âgés, nous devons, conjointement, nous préoccuper davantage de la souffrance des soignants en gérontologie. Des soignants mal traités ont davantage de risques de devenir des soignants mal traitants. Or, lorsqu'il est question d'améliorer la qualité de vie des résidants en maison de retraite, de respecter les droits et libertés des personnes âgées, la question de la qualité des conditions de travail du personnel est à peine effleurée. On commence bien à dire qu'il faut s'occuper un peu de la souffrance du personnel. Mais le plus grand silence règne sur les moyens qui permettraient d'atteindre cet objectif. Bien sûr, me diront certains lecteurs avertis, il y a les fameux groupes de parole, souvent des sortes de « fourre-tout » non resitués dans une démarche institutionnelle d'ensemble et qui ne coûtent pas trop cher : une petite vacation de psychologue et une miette de temps de travail qui ne sera pas consacrée au soin direct auprès des résidants. Mais peut-on dire sérieusement que cela est suffisant ? Lorsque nous connaissons les conditions actuelles de travail des personnels dans ces établissements, l'augmentation considérable de la charge de travail liée à la dépendance croissante des personnes accueillies, lorsque nous savons que le passage aux 35 heures hebdomadaires n'est pas compensé par une augmentation suffisante des budgets qui permettrait d'embaucher 10 % de personnel en plus, que penser des beaux discours officiels sur la qualité de vie et la prise en compte de la souffrance des soignants ?

Dans tous les secteurs économiques, on

commence à prendre en compte le stress des salariés. On apprend que les cadres se dopent aux anxiolytiques, aux antidépresseurs et aux psychostimulants pour tenir le coup. Des ouvrages posant le problème de la souffrance au travail deviennent des best-sellers. Toutes les études disent que les salariés ont besoin d'être bien dans leur peau. Les entreprises les plus performantes sont celles qui gèrent le mieux les gens et où les salariés sont les plus heureux. Dernièrement, le patron d'un important groupe de formation au management déclarait que « les entreprises qui traitent mal leurs salariés doivent savoir qu'ils finiront par traiter mal les clients ». La devise d'une grande chaîne d'hôtels est : « Nous sommes des hommes et des femmes qui servent des hommes et des femmes. »

Tout cela pour dire que la souffrance et le stress, le fameux *burn-out*, syndrome d'épuisement professionnel, ne sont plus l'apanage des secteurs sociaux et médicaux. Mais, dans les secteurs où nous intervenons, si cela fait des années que nous évoquons la souffrance des soignants, les moyens mis en place pour la prendre en compte sont dérisoires.

En gérontologie, plus que dans tout autre secteur, nous avons donc à prendre en compte que nous sommes des hommes et des femmes qui servent des hommes et des femmes.

Que sont mes parents devenus ?

« Leur vie flotte autour d'eux comme un oiseau au-dessus d'un arbre abattu, cherchant sans le trouver ce qui faisait son nid. »

Christian Bobin

Il y a un peu plus de trois ans, je croyais encore avoir de la chance : j'étais à la retraite depuis quelques mois, je pouvais enfin me consacrer aux activités qui me plaisaient et pour lesquelles je n'avais pas assez de temps lorsque je travaillais. Mes enfants, après des périodes difficiles (chômage, divorce, à l'instar de nombreuses familles) qui avaient nécessité de ma part et de celle de mon mari un soutien psychologique, matériel et financier, allaient mieux, ils avaient désormais une bonne situation et ils étaient de nouveau stables au niveau familial. Je pouvais enfin également profiter davantage de mes petits-enfants, selon mon plaisir et ma disponibilité, sans que cela devienne, comme ça l'avait été pendant un certain temps, la contrainte de la garde forcée de dépannage, un jour pour cause de maladie, le lendemain pour cause de vacances scolaires, sans compter les gardes pour permettre aux parents d'aller faire leurs courses tranquilles et toutes les autres occasions d'utiliser les services d'une grand-mère docile et compréhensive.

J'avais la chance d'avoir encore mes parents en vie et, jusqu'alors, en relative bonne santé, mis à part les quelques petits ennuis qui accompagnent fréquemment l'avance en âge tels que les rhumatismes, une plus grande fatigabilité, un sommeil un peu perturbé.

Mais tout bascula très rapidement. Ma mère se mit à perdre un peu la mémoire ; au début, rien de bien inquiétant : des noms dont elle ne se souvenait plus, des mots qu'elle avait un peu plus de mal à trouver, des oublis malencontreux. Puis elle commença à ne plus savoir très bien quel mois de l'année c'était, à raconter parfois un peu n'importe quoi, à parler de membres de sa famille qui étaient décédés depuis longtemps comme s'ils étaient encore vivants. Mon père, d'un naturel optimiste, ne s'en faisait pas trop. Il avait souvent entendu dire que de nombreuses personnes ont une crainte démesurée de leurs trous de mémoire à cause de la hantise de la maladie d'Alzheimer, mais que quelques oublis, voire un peu de confusion ne sont pas forcément dramatiques. Il considérait que tout cela n'était pas trop grave, compte tenu de l'âge de ma mère et du peu de désagrément que cela leur causait dans leur vie quotidienne. Mais envisager la vie sous son meilleur jour a parfois des effets pervers, et il en fut ainsi pour mon père. Il minimisait son essoufflement de plus en plus important quand il faisait un effort. Il disait, là aussi, que c'était l'effet de l'âge, qu'il fallait bien accepter les limitations qu'il nous imposait, et surtout pas trop s'écouter, comme le lui avaient appris ses propres parents qui l'avaient élevé à la dure. Par un beau matin d'automne, alors qu'il était en train de cueillir des salades dans son jardin, il s'écroula, foudroyé par une crise cardiaque. Malgré la rapidité de l'intervention des secours médicaux, il n'y eut rien à faire pour le ramener à la vie. Ce fut un choc terrible, d'autant plus que personne ne s'y attendait. Mon père, avec ses coups de gueule permanents lorsqu'on lui parlait de sa santé, avait fini par rassurer l'ensemble de la famille.

Le décès de mon père provoqua une aggravation aussi spectaculaire que rapide de l'état de ma mère. Au début, il lui arrivait de chercher et d'appeler mon père comme s'il était encore vivant. Elle se mit à moins bien entretenir sa maison. Mon frère et moi lui proposions de solliciter les services d'une aide-ménagère, mais elle ne voulait personne chez elle. Elle se rendait parfois compte qu'elle perdait la mémoire et se demandait alors ce qu'elle allait devenir en déclarant : « C'est terrible de devenir vieux. » Je passais régulièrement chez elle, je lui faisais ses courses, son ménage. Le temps de ma retraite dorée était terminé ! J'éprouvais une inquiétude permanente et, de nouveau, je n'avais plus beaucoup de temps pour moi.

Je sais que je ne devrais pas dire des choses pareilles, que certains vont penser que je ne suis qu'une égoïste qui ne pense qu'à moi et qu'on doit bien à ses parents ce qu'ils nous ont donné[1]*. Parfois, je me le dis aussi à moi-même, et je me sens un peu coupable de penser ça. Mais j'avais tant rêvé de cette tranquillité après cette vie de travail et de contraintes que j'ai eue : mariée jeune, trois enfants rapidement, élevés tout en ayant un travail fatigant, je pensais accéder à une vie plus calme. Mais l'époque des ennuis des enfants est arrivée : licenciement, séparation, conflits familiaux.*

Alors, je sais bien qu'on doit s'occuper de ses

1. C'est la fille de Mme Rodriguez qui parle dans ce début de chapitre. Elle adhère à des idées fortement répandues, comme celle que les enfants « doivent » quelque chose à leurs parents, qu'ils « doivent » s'occuper d'eux. Mais la question de la validité de cette croyance reste posée. À ce propos, me reviennent à l'esprit les mots écrits par Gisèle Halimi dans *Fritna*, Plon, 1999 (Pocket, 2001) : « Dans nos discussions qui souvent tournaient à l'affrontement, ma mère me jetait au visage avec une certaine violence : "Tu n'as pas honte, moi qui ai tant fait pour toi" (chaque fois, la même réaction en moi, muette, intérieure, violente : "sauf m'aimer, Maman"). »

parents, mais parfois, il m'arrive de penser que j'en ai assez de m'occuper des autres.

Progressivement, ma mère ne s'est plus du tout fait à manger ; elle se mettait au lit à n'importe quelle heure, se levait la nuit, ne se lavait plus. Avec mon frère, on a réussi à faire venir une aide-ménagère et une infirmière qui lui faisait sa toilette et quelques soins dont elle avait besoin. Elle ne voulait pas des médicaments que lui prescrivait son médecin traitant en arguant du fait que cela ne servait à rien, qu'elle n'était pas malade et qu'il voulait tout simplement l'achever parce qu'elle était une gêne pour tout le monde. Nous avons réussi à lui faire passer un bilan dans un centre spécialisé pour les personnes âgées. Là-bas, on nous a dit qu'il vaudrait mieux la placer en maison de retraite, parce que son état allait sûrement aller en s'aggravant et qu'elle risquait de se mettre en danger. Ils ont fait une lettre à son généraliste qui a essayé de la convaincre du bien-fondé de la maison de retraite, où l'on s'occuperait bien d'elle et où elle trouverait, de surcroît, des personnes de son âge avec qui parler et faire des activités. Il nous a raconté qu'elle était entrée dans une colère incroyable, mais il nous a dit d'essayer d'insister auprès d'elle, que peut-être elle l'accepterait mieux si ça venait de ses enfants. Vous parlez ! Il est gentil ce médecin, il a fait ce qu'il a pu, mais on voit qu'il n'a jamais été confronté lui-même à ce genre de situation. En plus, mon frère s'est défilé ; le jour où nous devions lui en parler, il a trouvé une excuse de dernière minute pour ne pas venir. Avec moi, ça a été pire qu'avec le médecin ! Je me suis fait traiter de tous les noms d'oiseaux ! J'étais une fille indigne, je voulais me débarrasser d'elle alors qu'elle avait toujours tout fait pour moi. Elle n'avait besoin de personne ; si je ne l'aimais pas, je n'avais qu'à plus venir, elle se débrouillerait bien toute seule. Et le jour où elle ne pourrait vraiment plus vivre toute seule, je n'avais qu'à la prendre chez moi. Elle avait gardé ses propres parents chez elle plusieurs années ; avant, on ne se débarrassait pas des vieux comme maintenant. Et, bien entendu, j'ai eu droit à : « Ton frère, lui, au moins, il ne veut pas que je débarrasse le plancher ; il a toujours été gentil pour moi. » Et prends-toi ça dans les gencives. C'est toujours pareil ! La plupart du temps, c'est la fille qui s'occupe le plus de ses parents ; les garçons sont beaucoup plus distants (et, de toute façon, leur femme mettrait vite le holà s'ils consacraient trop de temps à leur mère) ; mais, eux, dès qu'ils lèvent le petit doigt et qu'ils font un petit quelque chose, ils ont droit à tous les égards. Et moi qui me crève depuis des mois pour qu'elle puisse rester chez elle comme elle le souhaite !

Je suis repartie de chez elle en larmes, en me disant que j'étais une mauvaise fille. Quand j'ai raconté ça à mon mari, je me suis encore fait engueuler : ça fait longtemps qu'il me dit que j'en fais trop pour elle, que je vais m'épuiser, qu'il ne faut pas que je me plaigne après de ne pas avoir de temps pour moi : « Il n'y a qu'à lui chercher une place en maison de retraite sans lui dire puisque, de toute façon, elle ne voudra jamais y aller d'elle-même. Après tout, nous aussi, on a le droit d'avoir notre vie. Et ton frère, si ça ne lui convient pas, il n'a qu'à la prendre chez lui ! »

Je ne savais plus quoi faire ; d'un côté, j'avais le sentiment qu'elle ne pouvait plus rester toute seule chez elle, de l'autre, je me disais que ce n'était vraiment pas bien de l'obliger à quitter son domicile. Mais s'il lui arrivait quelque chose chez elle, je m'en sentirais un peu responsable, je me dirais que je n'avais pas fait ce qu'il fallait au bon moment. Quant à la prendre chez moi, je ne pouvais m'y résoudre. Je savais trop combien ma mère pouvait être exigeante ; en outre, compte tenu de son état, il faudrait s'occuper d'elle en permanence : adieu vie privée, amis, petits-enfants, loisirs, vacances et voyages... et tout cela peut-être pour dix ou quinze ans. Je ne m'en sentais pas le courage ; cela me demandait trop de sacrifices. Mais était-ce bien de faire cela ? Ne m'en sentirais-je pas coupable en permanence ? Et l'entourage, que dirait-il ? Je ne me voyais pas répondre aux questions et remarques des personnes bien intentionnées qui savent toujours mieux que vous ce qu'il est bon de faire : « Et pourquoi ne l'avez-vous pas prise avec vous ? Tu t'imagines ce que c'est que mettre ses parents en maison de retraite ? N'aurait-il pas mieux valu la laisser chez elle ? » Mais les médecins me rassuraient et tentaient de me déculpabiliser en me disant que j'avais aussi ma propre vie et ma santé à préserver, que sur le long terme, je ne tiendrais pas le coup.

J'étais obsédée par ces questions éternellement ressassées et aux réponses variables suivant les jours, lorsque ma mère se perdit dans la rue et fut emmenée à l'hôpital qui nous prévint de ce qui était arrivé. Les médecins insistèrent sur son état de désorientation et sur les risques qu'il pouvait y avoir à la laisser seule chez elle. C'est alors que mon frère insista pour que, cette fois, on s'occupe de chercher une place en maison de retraite. Il me convainquit de ne pas lui en parler, puisque, de toute façon, elle ne serait pas d'accord et que, de surcroît, elle perdait de plus en plus la mémoire ; si on lui en parlait, elle allait se mettre en colère, et le lendemain, il faudrait à nouveau recommencer parce qu'elle ne se souviendrait de rien ; selon lui, cela reviendrait, à chaque fois, à lui assener un nouveau choc, comme si c'était la première fois qu'elle en entendait parler. Mieux valait donc faire les démarches nécessaires, et aviser ensuite.

Nous nous mîmes à chercher les établissements qui étaient dans le voisinage proche. Nous en visitâmes plusieurs ; certains étaient trop chers, d'autres ne nous inspiraient guère confiance, d'autres encore avaient une importante liste d'attente. Au bout d'un mois de recherches, une connaissance nous parla d'un établissement situé dans la banlieue proche, avec un beau jardin et un grand parc ; d'après cette personne qui avait eu une amie placée dans cet endroit, cette maison de retraite était médicalisée, très bien entretenue, et le personnel avait l'air très gentil. Je pris donc rendez-vous pour aller visiter cet établissement avec mon frère.

Il est vrai que l'environnement était très agréable, les locaux aussi. Lorsque nous y sommes allés, nous n'avons pas vu beaucoup de résidants, car c'était l'heure du repas du soir ; nous sommes passés dans les salles à manger ; immédiatement j'ai senti une atmosphère très particulière. Peu de personnes parlaient ; certaines avaient un grand bavoir et une aide soignante les faisait manger, un peu comme des bébés. D'autres préparaient un petit tas de morceaux de pain en prévision de la soupe. L'une d'elles était en train d'emballer le morceau de jambon qu'il lui restait dans un mouchoir en papier pour le glisser dans son sac à main.

C'était une image difficilement supportable : le repas, ce moment encore si social dans notre pays, et qui donne l'occasion de discussions animées avec les personnes avec qui on le partage, semblait avoir ici perdu tout sens. J'avais eu l'occasion de vivre en collectivité, au collège, dans des clubs de vacances ; j'avais vu fonctionner des établissements spécialisés pour enfants ; le repas m'y avait toujours semblé un moment privilégié de parole, d'échanges, parfois de disputes et de conflits, bref un moment de tout ce qui fait la vie. Ambiance feutrée ou tintamarre de collégiens, la vie était bien là. Ce qui se présentait ce jour-là à moi comme image du repas m'était inconnu jusqu'alors. Flottement d'une atmosphère de silence et de solitude, vision de la déchéance humaine, de ce que nous pouvons devenir dans le grand âge : corps recroquevillés sur eux-mêmes, bouches laissant couler la bave et la nourriture, regards perdus. Où était passée la vie ? Était-elle restée dans cette grande salle que l'on m'avait fait visiter tout à l'heure, qui était appelée « salle de vie » et où la télévision semblait fonctionner sans discontinuer, même lorsqu'il n'y avait personne ? Un étrange malaise m'avait envahie. C'est une chose de savoir qu'il y a des personnes âgées très dépendantes, grabataires, qui sont quasi retournées en enfance, comme on l'entend souvent dire ; c'en est une autre d'être brutalement confronté à la vision de tous ces vieillards à propos desquels on se demande ce qui peut bien les maintenir encore en vie. Tout à coup, nous reviennent alors en pleine face toutes les informations et les débats entendus d'une oreille jusqu'alors un peu distraite sur l'euthanasie, la prolongation de la vie coûte que coûte, les discours triomphalistes sur l'espérance de vie qui ne cesse d'augmenter. Pour les personnes ici présentes, est-il encore opportun de parler d'espérance de vie ? À ce moment précis, je me suis dit que je préférerais mourir plus jeune que de vivre cette réalité-là.

J'ai essayé d'imaginer Maman dans ce contexte, mais c'était difficile. Elle n'en était tout de même pas encore là. Bien sûr, certains résidants avaient l'air mieux ; de vieilles dames nous saluèrent et semblèrent contentes d'avoir une petite visite qui les divertissait un peu de leur routine quotidienne. Elles me tendirent spontanément la main en me disant « Bonjour, madame », et, l'espace d'un instant, leur visage s'éclaira : il avait suffi d'un simple petit geste pour que quelque chose se passe et se transforme, resurgisse de cette communauté quasi inanimée.

La personne qui nous faisait visiter nous entraîna hors de ce qu'elle appela alors le réfectoire. Le mot avait dû lui échapper, car elle se reprit pour dire « salle à manger » ! Elle nous fit visiter quelques chambres, nous emmena voir l'infirmerie, la salle d'animation, la chapelle où les résidants qui le souhaitaient pouvaient assister au culte le vendredi matin. Elle nous informa du fonctionnement de l'établissement, des documents nécessaires à la constitution du dossier, et nous invita à voir la surveillante. Mais cette dernière était occupée, et nous n'avions pas le temps d'attendre. Nous prîmes donc congé après avoir eu l'information qu'une place serait disponible la semaine suivante, une dame partant dans un autre établissement plus proche de chez sa fille.

Une fois dehors, mon frère, après un bref temps de silence, m'interrogea :

– Ça a l'air bien, non ?

Je sentais, dans le ton de sa voix, que lui aussi avait découvert une réalité qu'il n'avait sans doute pas imaginée.

– Oui... Tu ne trouves pas qu'il y a beaucoup de personnes grabataires et qui n'ont plus leur tête ?

– Et oui, mais tu as entendu ce que nous a dit la personne de l'accueil : maintenant, c'est comme ça dans toutes les maisons de retraite ; il y en a qui accueillent des personnes plus valides, mais vu l'état de Maman, je crois qu'il lui faut une maison médicalisée. Est-ce qu'on a vraiment le choix ?

– Mais comment on va faire ? Elle ne voudra jamais venir, elle va nous faire un cirque d'enfer ! On ne peut pas lui annoncer comme ça. Peut-être qu'on pourrait seulement lui dire qu'elle va aller dans une maison de convalescence pour quelque temps ? Le docteur pourrait lui dire que c'est nécessaire pour qu'elle se repose un peu à cause de son hypertension qui nécessite une surveillance plus importante et de l'arthrose qui la fait trop souffrir en ce moment et qu'elle retournera chez elle dès que ça ira mieux ?

– Je crois qu'elle ne voudra même pas de la maison de convalescence. Si tu veux mon avis, il n'y a pas trop d'autre solution que de trouver un subterfuge. On n'y arrivera pas si on la prévient à l'avance. Peut-être qu'on pourrait faire comme si on l'emmenait en promenade.

– Hein ? Mais tu es fou ! Tu t'imagines ? Lui proposer de sortir avec nous et la laisser là !

– Tu vois une autre solution ?

– Pour l'instant, non. Mais tu crois que la maison de retraite est vraiment ce qu'il lui faut ? C'est vrai qu'elle a l'air bien cette maison, mais ça m'a fait quand même une drôle d'impression. Je n'étais vraiment pas à l'aise pendant la visite.

– Moi aussi ça m'a fait drôle. Mais c'est peut-être parce que c'est la première fois, on ne connaissait pas ce milieu. Mais après on s'habituera sûrement. Tu as vu, il y avait des familles en visite. Ça avait l'air de bien se passer.

– Et elle, tu crois qu'elle va s'habituer ? Avec son caractère, elle risque de leur mener une vie d'enfer. Et s'ils ne veulent pas la garder ?

– Attends, là tu vas un peu vite ! Elle n'y est pas encore que tu t'imagines qu'ils ne vont pas la garder ! Si ça se trouve, elle va très bien s'y faire, et elle peut même s'y plaire !

– Hum... C'est terrible, mais moi, je ne me sens pas de la prendre avec nous à la maison.

– Ce n'est pas possible ; dans l'état où elle est et avec le caractère qu'elle a, tu ne tiendrais pas longtemps. On réfléchit jusqu'à ce week-end et on décide ?

– J'ose pas encore m'imaginer ce que ça va donner quand on va l'amener ici. Tu crois vraiment qu'il ne faut rien lui dire ?

– Tu as bien vu ce que ça a donné chaque fois qu'on a essayé d'en parler avec elle. De toute façon, maintenant, elle oublie si vite les choses que, même si on lui en parlait, le lendemain, elle aurait oublié.

C'est ainsi que fut décidée l'entrée en maison de retraite de Maman. Qui aurait pu imaginer, il y a quelques années, que j'aurais à prendre ce genre de décision ? Mes parents étaient tellement bien que je ne me posais même pas la question de leur avenir et de leur grand âge. Pour moi, ils restaient les parents que j'avais toujours connus, mes parents ; leur aspect physique avait certes changé, mais cela faisait partie de la vie. Ce jour-là, j'avais l'impression d'avoir pris vingt ans d'un coup ; c'était la première fois que j'avais une décision à prendre à la place de mes parents, pour quelque chose qui les concernait. J'avais soudain l'impression qu'une inversion des rôles s'était produite. Lorsque nous étions petits, c'était eux qui décidaient de nous envoyer en vacances dans la famille, de nous mettre en demi-pension ; c'était eux qui décidaient ce que nous avions le droit de faire ou de ne pas faire, de l'heure à laquelle nous devions rentrer, et il n'était pas question de discuter. Plus tard, ils nous ont donné des conseils sur les orientations de notre vie que nous avions à prendre ; Maman essayait bien de faire en sorte que nous décidions ce qu'elle souhaitait, mais nous avions pris notre indépendance.

Lorsqu'ils ont commencé à vieillir, il m'arrivait de leur donner mon avis, des conseils, parfois de les disputer un peu : « Papa, tu devrais quand même aller consulter un médecin », « Maman, arrête un peu de faire toujours le ménage, tu es fatiguée, et tu n'arrêtes pas ! », « Vous pourriez partir un peu en voyage maintenant que vous êtes tranquilles », « Et si vous vendiez votre appartement un peu excentré pour prendre quelque chose plus près du centre ville, des commerces ? »... Mais jamais, au grand jamais, je ne me serais permis de décider quoi que ce soit pour eux. De toute façon, ils auraient refusé en me disant de rester à ma place et qu'à leur âge, ils savaient bien ce qu'ils avaient à faire ! Ils acceptaient difficilement les remarques que nous, leurs enfants, pouvions leur faire ou les conseils qu'il nous arrivait de leur donner et qui étaient davantage le reflet de notre propre inquiétude que le désir d'orienter leur vie.

Ce jour-là, avec mon frère, nous avons pris la décision de placer notre mère en maison de retraite sans même lui dire ! Je ne sais pas pourquoi, mais cet événement faisait remonter à la surface de très vieux souvenirs d'enfance. J'avais tour à tour 5 ans, 8 ans, 12 ans, puis à nouveau 9 ans, 15 ans, 18 ans... Je refaisais pour moi-même le portrait de mes parents, j'essayais de trouver les fils conducteurs de l'éducation qu'ils nous avaient donnée. Mais, à leur époque, on ne se souciait guère d'éducation, de la parole des enfants, et j'ai l'impression qu'ils ont essentiellement navigué à vue, en fonction des problèmes qui se présentaient. Cependant, j'ai toujours eu le sentiment d'avoir été guidée, encadrée, remise éventuellement sur la route lorsque j'en déviais. Même si mes parents ne tenaient plus vraiment ce rôle depuis longtemps, c'est l'image que j'avais gardée d'eux. À présent, c'est moi qui devais guider et orienter la vie de ma mère, qui plus est contre son gré (comme souvent le fait un parent contre le gré de son enfant ; mais cela suscite moins de culpabilité lorsque cette démarche est censée faire partie des nécessités de l'éducation).

Pendant le week-end, nous décidâmes donc, avec mon frère, de placer Maman en maison de retraite. Mon frère me convainquit d'utiliser la méthode qu'il avait proposée. Plus j'y songeais, et moins cela me semblait malhonnête : après tout, l'état de ma mère pouvait très bien s'améliorer un peu, tout au moins suffisamment pour qu'on envisage éventuellement un retour à son domicile quelques mois plus tard.

Mardi, 13 h 30. Nous arrivons chez ma mère ; nous l'avons prévenue le matin que nous l'emmenons faire une petite promenade. Cette proposition l'a un peu étonnée, parce que d'habitude, c'est plutôt le dimanche que nous venons la chercher. Tiens, aujourd'hui, elle sait quel jour nous sommes ?

La veille, lorsque je suis passée la voir, j'ai préparé quelques affaires que j'ai mises dans une valise et dans ma voiture.

Et puis voilà, la suite, vous la connaissez : nous sommes arrivés à la maison de retraite que nous avons voulu faire visiter à Maman dans la perspective d'un éventuel placement futur. Nous avons rencontré la surveillante. Lorsqu'elle nous a demandé si nous avions informé Maman de son entrée ici, je me suis sentie mal à l'aise ; certes, elle n'avait pas l'air de nous juger, mais dans sa manière de nous poser la question, j'ai entendu comme un reproche. Comment aurais-je pu lui expliquer que cela n'était plus possible de la laisser chez elle et qu'elle n'aurait jamais accepté de venir avec nous si nous lui avions dit où nous allions ? Je me suis sentie un bourreau de parents ! J'aurais voulu me faire plus petite qu'une souris et disparaître le plus vite possible. La visite de la chambre, la valise déposée : je me revoyais petite fille, lorsque j'arrivais en colonie de vacances. C'était bien, j'étais contente d'y aller, mais c'était quand même difficile au début : je ne connaissais personne, je ne connaissais pas la maison, et mes parents m'abandonnaient.

Maman est entrée dans une grande colère et a menacé de se jeter par la fenêtre lorsque nous serions partis. Je ne savais pas si je devais prendre cette menace au sérieux ou si c'était du chantage. Et si cela arrivait ? Je crois que je ne me le pardonnerais jamais. J'ai été à deux doigts de la ramener, et puis la réalité m'est revenue en pleine face : nous ne pouvions pas continuer ainsi.

Nous sommes partis ; à peine la grande porte vitrée franchie, je me suis effondrée en larmes. Mon frère, d'habitude si bavard et si sûr de lui, ne desserrait pas les dents. Durant le retour, il me répéta simplement à deux reprises :

– Nous ne pouvions pas faire autrement ; ce n'était plus possible.

– Et Papa, qu'aurait-il pensé ?

– Je suis sûr qu'il serait d'accord avec notre décision ;

il nous a toujours dit qu'ils voulaient n'être une charge pour personne. Mais on ne va pas empêcher tante Honorine de raconter partout qu'on est des enfants indignes et ingrats. Ma petite sœur, il va falloir qu'on se tienne les coudes, parce qu'ils n'ont pas fini de nous juger dans la famille !

La nuit qui suivit, je n'ai pas beaucoup dormi. J'essayais d'imaginer ce qui avait pu se passer après notre départ. Peut-être qu'après tout, nous aurions dû quand même lui dire, en lui expliquant qu'on ne pouvait pas faire autrement, qu'on s'inquiétait trop pour elle, quitte à devoir la faire amener un peu de force en ambulance dans l'établissement. Je ne savais plus ce qu'il aurait fallu faire ; la question de la surveillante me revenait sans cesse à l'esprit. J'essayais d'imaginer la vie de Maman dans ce nouvel endroit, au milieu de tous ces visages que j'avais entrevus. Si seulement elle pouvait faire connaissance avec une résidante avec laquelle elle s'entendrait bien. Mais elle n'avait pas un caractère à se lier facilement.

Je commençais à m'endormir et me réveillais en sursaut : « Et si elle se jette par la fenêtre ? »

Vers 3 heures du matin, j'ai pris un somnifère.

Le lendemain, je vais rendre visite à Maman ; je la trouve assise à côté de l'ascenseur, le regard dans le vague. La scène se répétera quasiment à chacune de mes visites, où je la trouverai toujours au même endroit.

Une résidante, à côté d'elle, plie et déplie inlassablement un mouchoir. Lorsqu'elle voit les biscuits que j'ai apportés, elle s'approche et cherche à me les prendre des mains. Je lui en donne deux et lui explique que les autres sont pour ma mère. Mais elle continue à vouloir prendre le paquet. Elle réussit à m'arracher des mains le papier de l'emballage. Une soignante passe par là et la prend par la main : « Viens, Mamie », puis, en se tournant vers moi : « Elle fait toujours ça ; elle fait toutes les chambres et elle cherche les bonbons et les biscuits. » La vieille prend le papier des biscuits et commence à le manger. Terrible vision de ce « retour en enfance ».

La colère de ma mère semble s'être envolée. Elle me raconte qu'elle a mal dormi, qu'il y a des gens qui sont venus dans sa chambre toute la nuit. Elle me dit aussi qu'elle a vu le médecin et qu'elle n'a pas compris grand-chose à ce qu'il lui a raconté. Elle me demande si c'est aujourd'hui que je viens la chercher. Même si je ne me sens pas très bien, je suis quand même rassurée qu'elle ne parle plus de suicide. Une autre résidante vient me montrer le tricot qu'elle est en train de faire. Je lui fais des compliments et l'encourage à poursuivre. J'emmène ma mère faire une promenade dans le parc ; elle me dit qu'elle est déjà venue ici le matin et qu'un taxi est venu la chercher.

Après l'avoir raccompagnée à son étage, je vais prendre des nouvelles auprès des infirmières qui me disent que cela se passe à peu près bien.

Ma mère s'adapta progressivement à la maison de retraite. Au début, elle me demandait souvent quand je la ramènerais à la maison, comment allait sa Minette. Puis ses questions s'espacèrent. Ma culpabilité n'avait pas disparu, je continuais à me demander si nous avions pris la « bonne » décision, d'autant que la mémoire et la confusion de ma mère allaient en s'aggravant : si elle était restée chez elle, se serait-elle maintenue plus longtemps ? Les médecins me disaient que non, qu'elle aurait pu, au contraire, se grabatiser encore plus rapidement. Mais ces affirmations étaient insuffisantes pour m'enlever tout remords. Il lui arrivait désormais de plus en plus souvent de parler de ses parents comme s'ils étaient encore vivants, ou bien de me prendre pour sa mère ; il n'était maintenant pas rare qu'en me voyant arriver, elle me dise : « Bonjour, Maman ! » Était-ce le témoignage de son cerveau en naufrage ou bien, simplement et crûment, le témoignage de l'inversion des rôles qui s'était opérée ?

En tout cas, pour ce qui me concerne, je n'arrive pas à me faire à l'idée que je sois devenue sa mère et elle ma fille, même si elle ne ressemble plus tout à fait à la mère que j'ai toujours eue.

Je n'avais cependant pas encore vécu le plus difficile. Un jour, en arrivant à la maison de retraite, je trouvai Maman assise à sa place habituelle, à côté de l'ascenseur. Je m'approchai d'elle pour lui dire bonjour, mais elle me devança en me lançant un « Bonjour, madame » dont je me souviendrai, je crois, le restant de mes jours. Après un bref moment d'arrêt, je m'approchai cependant d'elle pour l'embrasser.

– Mais je ne vous connais pas, madame ; c'est gentil de m'embrasser, mais je ne sais pas qui vous êtes !

Je fus clouée sur place, arrêtée dans mon élan. J'essayai, en désespoir de cause, de la ramener à la raison et à la mémoire :

– Mais, Maman, tu sais bien, je suis Yvonne, ta fille...

– Ma fille ? J'ai eu des enfants, c'est vrai, mais ma fille, je ne l'ai pas vue depuis bien longtemps. Enfin, vous pouvez toujours vous asseoir là, à côté, si cela vous fait plaisir !

Je ne m'en sentis pas la force. Je tournai rapidement les talons, les larmes aux yeux. Je courus à l'infirmerie pour m'enquérir de l'état de santé de Maman et de ce qui avait bien pu lui arriver.

Une surveillante me répondit que le personnel avait effectivement constaté une « dégradation de son état psychique », pour reprendre ses termes, et qu'elle serait présentée à la prochaine visite du médecin psychiatre qui venait une fois par mois pour voir en consultation les résidants qui en avaient besoin.

Elle tenta de me rassurer en me disant qu'il pouvait ne s'agir que d'une période transitoire et que, peut-être, lors de ma prochaine visite, elle me reconnaîtrait. Elle me dit même qu'elle demanderait à la psychologue de la voir pour lui parler de moi, tester ses réactions et essayer de la remettre sur les rails de ses souvenirs et de sa vie.

Malgré sa gentillesse, elle ne réussit guère à me rassurer. Je ressortis de son bureau aussi perturbée, et je sentais le sol se dérober sous mes pieds.

Ne plus être reconnue par sa propre mère, n'est-ce pas la plus terrible des choses qui puisse arriver ?

N'était-ce pas déjà comme une mort anticipée ? N'était-ce pas pire que certaines morts ? Les enfants voient, certes, souvent partir leurs parents ; mais ces derniers, quel que soit l'état des relations qu'ils entretenaient avec leurs enfants, bonnes ou mauvaises, voire quasi inexistantes, partent tout de même avec le souvenir des enfants qu'ils ont eus. Je me dis, à l'instant, que c'était gagner une part d'éternité. Quant à moi, c'était un peu comme si ma propre histoire s'était soudain détachée de moi.

Je n'étais plus reconnue par ma propre mère et ,en l'espace de quelques minutes, j'étais devenue orpheline, une enfant abandonnée lâchement et brutalement.

Au fond de moi, je savais bien qu'il me restait de la famille, que ma mère en faisait encore partie, que je conserverais, envers et contre tout, mes racines. Mais la brutalité du choc me faisait soudain douter de tout.

Deux jours plus tard, je fis une nouvelle visite à la maison de retraite, avec le fol espoir que tout serait redevenu comme avant et qu'elle me dirait à nouveau : « Alors, ma petite fille, comment ça va ? »

Sur le chemin, je me disais que j'avais sûrement fait un mauvais rêve et que j'allais retrouver ma vraie mère, même si elle était confuse. La dernière fois, il y avait eu très certainement quelque chose qui l'avait perturbée, les personnes âgées sont fragiles, n'est-ce pas ? Mais aujourd'hui elle irait mieux, c'était sûr.

Malheureusement, je dus me rendre à la triste réalité.

Lorsque je fus près d'elle, ma mère me regarda avec un air étonné, comme si elle ne m'avait jamais vue. Lorsque je lui dis bonjour, elle eut l'air encore plus étonnée.

Je ne tins pas le choc.

Pendant un mois, je ne vins plus lui rendre visite. Je pensais que c'était inutile puisque, à chaque fois, elle semblait découvrir une nouvelle personne. J'étais convaincue que mes visites ne lui feraient aucun effet, et qu'elles me feraient personnellement du mal.

Elle était, certes, toujours ma mère, mais si elle ne me reconnaissait pas, à quoi cela pouvait-il bien servir ? Est-ce que j'étais capable de l'accepter dans l'état où elle était et de la reconnaître encore comme ma mère ? N'était-ce pas plus facile pour moi de rester sur l'image d'elle en possession de tous ses esprits ? Que pouvais-je savoir de ce qu'elle pouvait vivre et ressentir ? Est-ce que mes éventuelles visites pouvaient lui faire du bien, même si elle avait l'impression que c'était une inconnue qui venait la voir ? Est-ce que derrière son ignorance et sa confusion apparentes, il ne restait pas, malgré tout, quelque chose ? Fallait-il continuer à la laisser se perdre seule, ou fallait-il tenter de l'accompagner un tant soit peu dans sa perdition, en espérant qu'elle ait, parfois, quelque éclair de lucidité qui lui permette de se rendre compte qu'elle n'était pas abandonnée ? Oh, je sais bien que toutes les personnes bien intentionnées qui n'ont pas vécu ce genre de situation sont les premières à vous donner des leçons de morale : « Mais comment, on ne laisse pas sa mère comme ça ! », « C'est ta mère tout de même ! », « Tu ne peux pas ne pas aller lui rendre visite ! »... Mais comment aurais-je pu leur expliquer combien c'était difficile d'avoir le sentiment de me retrouver face à une étrangère ?

Au bout d'un mois, je décidai cependant de retourner à la maison de retraite, en m'arrangeant pour y aller toujours avec mon frère, qu'elle ne reconnaissait pas non plus ; mais de cette façon c'était plus facile ; nous

nous soutenions l'un l'autre ; si elle ne nous adressait plus la parole, nous parlions entre nous de ce qu'elle avait connu avec nous, ou tout simplement de notre vie actuelle. Il lui arrivait de paraître vaguement intéressée par ce que nous racontions.

Elle mourut quelques semaines plus tard, sans que nous ayons pu avoir la moindre idée de la manière dont elle avait pu percevoir le monde au cours de cette dernière période de sa vie. Mais, outre la maladie et le décès de Maman qui m'avaient transformée, la découverte de la vie en maison de retraite et de ce que peut être le grand âge pour certaines personnes m'avait touchée beaucoup plus que je ne le pensais.

À partir de ce moment-là, je me mis à être beaucoup plus sensible aux problèmes des personnes âgées ; pendant une longue période, lorsque je croisais un vieillard, je ne pouvais m'empêcher de me demander comment il vivait, s'il avait « toute sa tête », s'il était entouré, si sa famille prenait aussi des décisions à sa place. Je n'arrêtais pas de répéter autour de moi, à qui voulait bien l'entendre, que si, un jour, je devenais comme ma mère, il ne faudrait pas me laisser vivre. Et puis le temps passa, et mon angoisse s'estompa en même temps que je reprenais une vie normale, dont le rythme n'était plus scandé par mes visites à la maison de retraite.

En maison de retraite, les familles font beaucoup parler le personnel, parfois autant ou davantage que les résidants. Il faut dire que certaines sont très présentes, « trop » présentes au dire de certains agents, et les problèmes qu'elles posent sont parfois aussi difficiles à gérer, si ce n'est plus, que ceux de leur parent. Certaines sont sur le registre permanent de l'agressivité, reflet probable de leur culpabilité inconsciente ; d'autres sont d'une exigence extrême et n'ont que trop bien assimilé la notion de client roi : « Puisque nous payons pour notre parent, il a droit à tout », rien ne doit lui être refusé, le service rendu doit être irréprochable, mieux que dans un hôtel 4 étoiles ; aucun incident n'est toléré, que ce soit au niveau du service hôtelier, des soins, de l'animation ou de la surveillance, qui doit être sans faille, quitte à ne plus laisser aucune liberté au résidant.

Au contraire, d'autres familles vont être l'objet de vives critiques de la part du personnel du fait de leur absence : elles ne viennent voir leur parent qu'une ou deux fois par an, et encore. « On ne les voit jamais, ils s'en foutent complètement... », « Je ne comprends pas, elle est si gentille Mme M. C'est dégueulasse de l'abandonner comme ça. C'est leur mère quand même ! », « Oh, ses enfants, à partir du moment où ils ont récupéré son argent, on ne les a plus revus ! », « Si c'est pas malheureux de finir seul de cette façon ! »...

Et puis il y a les familles à propos desquelles on ne tarit pas d'éloges : « Ils sont d'une gentillesse, ces gens ! Toujours contents, jamais une critique ! Quand ils viennent, ils nous disent toujours un mot gentil, ils nous font des compliments sur l'établissement et la qualité de notre travail. » S'il y a un problème, ces personnes se montrent toujours très compréhensives. Il arrive même que l'on s'étonne de la qualité de la présence de la famille, compte tenu du caractère du résidant : « Pourtant, avec tout ce qu'elle leur en fait voir ! Quand ils viennent, elle n'arrête pas de se plaindre, de leur dire qu'ils ne viennent pas assez souvent, de leur reprocher de ne pas l'avoir prise chez eux. Ils ont une patience... Moi, je l'aurais envoyée bouler depuis longtemps ! »

Ces paroles témoignent de l'intensité des émotions suscitées tant chez la famille que chez le personnel par la vie en institution d'une personne âgée. Cela signifie que parler de qualité de vie pour les résidants sans parler, conjointement, d'accompagnement des familles et du personnel est, à mon sens, une hérésie.

Nous ne pouvons ignorer qu'une personne âgée en institution est au centre d'une dynamique familiale et d'une problématique à la fois institutionnelle et personnelle pour les soignants.

Les réactions des parents et proches sont à mettre en regard de l'histoire familiale, du contexte du placement et de ses enjeux. Les réactions des soignants sont à rattacher à leur propre histoire, à leur vécu familial actuel, à leur problématique affective et à leur niveau de fatigue et de lassitude au moment des événements.

Apprendre à relativiser les situations, à prendre de la distance et, surtout, à ne pas juger, est une entreprise de longue haleine qui demande, de surcroît, un important travail sur soi.

Je me souviens du fils de Mme P., résidante dans notre établissement, qui demandait régulièrement à me voir lors des visites qu'il rendait à sa mère. Il me disait alors systématiquement, en se prenant la tête entre les mains : « C'est moi qui ai besoin d'un psy. » Et il se mettait à me raconter toujours la même histoire, qui montrait combien le conflit intérieur dans lequel il était pris était difficile à vivre.

Sa mère avait toujours refusé de rencontrer la femme qu'il avait épousée et les deux petites filles qu'il avait eues. Les ponts étaient donc coupés depuis plusieurs années lorsque M. P. perdit sa femme et ses deux filles dans un accident de voiture. La mère réapparut à l'improviste le jour des obsèques et accepta désormais de revoir M. P., qui renoua avec elle pour faire plaisir à son père, disait-il. Le père mourut après avoir fait promettre à son fils qu'il s'occuperait de sa mère jusqu'au bout... Après le décès de son mari, Mme P. vécut chez elle plusieurs années ; puis son état psychique se détériora et M. P. prit la décision d'un placement en maison de retraite. Lors de ses visites, M. P. éprouvait le besoin de venir me voir pour me dire : « Ma mère est une salope, mais je suis obligé de venir parce que je l'ai promis à mon père. » Je sentais tout le ressentiment qu'éprouvait M. P. qui, par ailleurs et malgré le temps, ne semblait toujours pas avoir fait le deuil de sa femme et de ses filles. Je le sentais pris entre la colère contre sa mère et la promesse faite à son père. Il me demandait fréquemment s'il était important qu'il vienne encore voir sa mère. Étant donné son état de confusion et de désorientation, ses visites ne risquaient-elles pas de la perturber davantage ? Était-elle encore capable d'éprouver de la satisfaction à le voir alors qu'elle ne le reconnaissait pas toujours ? Je sentais qu'inconsciemment, il était peut-être en train de me demander « l'autorisation » de ne plus venir voir sa mère, de prendre la décision à sa place pour lui permettre, s'il arrêtait ses visites, de sortir conjointement de sa culpabilité et de son engagement vis-à-vis de son père.

Dans cette situation, en écoutant l'histoire racontée par M. P., j'aurais pu facilement me laisser aller à penser que Mme P. était effectivement une « salope ». En effet, les faits bruts évoqués par son fils n'attiraient pas particulièrement une sympathie spontanée pour cette dame. Qui était-elle pour avoir refusé de rencontrer belle-fille et petites-filles, sous prétexte que son fils n'avait pas épousé la femme qu'elle souhaitait ? Qu'avait-elle cherché en réapparaissant le jour de l'enterrement ? À témoigner d'un soudain intérêt pour la vie de son fils et à montrer quelque compassion pour le drame qui le frappait, ou, au contraire, à essayer de profiter de l'occasion pour le ramener dans le giron maternel et sous son autorité ? Mais que savais-je de la longue histoire de cette famille ? Que pouvais-je savoir de tout ce que le fils ne me disait pas ? J'étais en présence de son discours, de ses souvenirs, de son vécu, mais ce n'était pas toute l'histoire, loin s'en faut. J'étais face à son histoire à lui, à sa vision de la relation avec sa mère. Mais la réalité ne pouvait se résumer à ses seules perceptions. Quant à Mme P., elle n'était plus suffisamment cohérente pour parler d'elle-même, mais elle témoignait d'une très profonde angoisse d'abandon de la part de son fils.

Des histoires familiales de ce type ne peuvent pas laisser indifférent, et les jugements de valeur peuvent rapidement faire leur apparition. Il est d'autant plus difficile de rester neutre dans ces occasions, y compris pour la psychologue que je suis, que nous connaissons différents protagonistes de l'histoire familiale, que nous éprouvons plus ou moins de sympathie pour les uns et les autres, que nous avons différentes versions du scénario familial et que nous faisons davantage confiance au discours de certains, parce que nous sommes plus sensibles à ce qui nous paraît être les drames qu'ils ont vécus. C'est précisément pour ces raisons que l'expérience, le travail sur soi, le recul et la prise de distance, l'expression des émotions ressenties au contact de toutes ces trajectoires de vie sont fondamentaux. Mais, en l'état actuel, il n'est guère que les psychologues qui puissent faire ce travail et éventuellement bénéficier de ce qui est communément appelé une supervision, pour peu encore qu'ils aient quelque conscience professionnelle et quelque perception de l'importance des enjeux familiaux avec lesquels ils travaillent.

Le soin gérontologique est d'une extrême complexité. Nous travaillons pendant des mois, des années avec certaines personnes ; nous sommes parfois conduits à rencontrer plusieurs membres de la famille qui éprouvent, pour certains, le besoin de s'épancher sur leur histoire. J'ai souvent le sentiment que de vieux comptes cherchent à se régler parce que tout le monde, au fond, sait bien que la personne âgée est entrée dans sa dernière trajectoire de vie. Tout se passe comme si des choses cherchaient à se dire parce qu'on sait bien qu'il reste probablement peu d'occasions et de temps pour le faire. J'ai parfois l'impression que le résidant et/ou certains membres de la famille tentent de faire prendre parti à des soignants en leur racontant des événements familiaux marquants et certains conflits plus ou moins anciens, dans l'objectif inconscient de valider leur positionnement dans toute cette histoire, de rencontrer quelqu'un qui leur donne raison et les rassure sur ce qu'ils ont fait. Ma position de psychologue m'expose particulièrement à ce risque ; il est alors important de ne pas se laisser prendre dans le jeu familial, tout en apportant aide et soutien à la fois au résidant et à sa famille, ce qui relève parfois d'un difficile talent d'équilibriste, surtout quand le personnel est également impliqué dans l'affaire ! J'apprends ainsi parfois qu'une aide soignante ou une infirmière a « recommandé » à la famille de venir voir leur parent moins souvent... J'entends, au détour d'un couloir ou au cours d'une réunion de service, des jugements à l'emporte-pièce comme : « De toute façon, cette femme, elle a toujours été méchante, sa fille me l'a dit, ce n'est donc pas étonnant qu'on ait des difficultés avec elle ! », « Ce pauvre homme, sa femme l'a laissé tomber quand il a commencé à être malade, alors qu'il avait toujours tout fait pour elle ; elle a tout pris, et elle est partie sans rien dire à personne, c'est son neveu qui me l'a dit »... Ces paroles témoignent bien des retentissements personnels que suscite l'histoire des résidants que nous accueillons. Il est courant d'entendre, et je fais partie de ceux qui le souhaitent, qu'il est important d'avoir des éléments sur l'histoire de vie des personnes âgées. S'il est en effet fondamental de savoir un tant soit peu comment la personne a vécu, quels ont été les événements marquants de sa vie, quels sont ses intérêts, ses souhaits, ses valeurs, il n'en est pas moins important de rester vigilant sur le fait que l'histoire racontée n'est pas la véritable histoire. La véritable histoire n'existe pas, chaque point de vue sur une trajectoire familiale est vrai pour la personne qui l'exprime. L'histoire est faite de la multiplicité de ces points de vue. Les souvenirs sont toujours revisités et réaménagés par l'inconscient des uns et des autres, de la personne elle-même comme de ses proches. Une trajectoire de vie est d'une grande complexité, nous ne savons pas grand-chose des soixante-dix, quatre-vingts ou quatre-vingt-dix ans qui ont précédé l'entrée en institution de la personne âgée. Il serait nécessaire que les équipes aient du temps pour travailler ce qui peut être parfois remué en chacun d'entre nous par ce que nous savons ou croyons savoir de toutes ces vies que nous côtoyons et que nous accompagnons dans leurs derniers instants. Mais là aussi le temps manque...

En ce qui me concerne, le travail en maison de retraite m'a appris une grande humilité ; j'ai appris à connaître et à reconnaître toute la souffrance qu'il peut y avoir derrière des comportements agressifs, des revendications intempestives, des conflits et des problèmes étalés sur la scène de l'institution. J'essaie, très modestement, d'écouter les uns et les autres, de leur apporter quelque maigre soutien dans des moments difficiles tout en m'évertuant à ne pas juger, à ne pas décider à la place des personnes, résidants ou familles. Témoigner aux êtres que je rencontre une compréhension attentive tout en les renvoyant aux décisions qui leur appartiennent est un exercice parfois périlleux. Je considère que chacun a le droit de faire les choix qu'il estime bons pour lui, à compter du moment où il a eu le maximum d'éléments d'information et où il en assume les conséquences. C'est ainsi qu'il m'arrive d'expliquer aux enfants d'une personne démente qu'il est important, dans une telle situation, de maintenir des liens affectifs, même si leur parent ne les reconnaît pas, semble indifférent et ne se souvient pas de leur dernière visite. Mais j'essaie également d'être à l'écoute de tout ce qui se joue à ce moment-là pour les différents protagonistes, et de leur faire entendre qu'ils ont le choix, le droit de prendre la décision qu'ils souhaitent, y compris de ne plus venir, sans qu'un jugement de valeur soit porté sur leur attitude. Notre rôle, à nous personnels des établissements d'accueil pour personnes âgées, est de les accompagner du mieux que nous pouvons, sans nous immiscer de façon trop importante dans une histoire qui ne nous appartient pas, ce qui est souvent difficile, la vie des résidants ne nous laissant pas indifférents.

Il faut cependant dire que lorsque la souffrance est dénichée et entendue derrière des comportements familiaux pouvant susciter de vives réactions émotionnelles chez les soignants que nous sommes, un grand pas est souvent effectué. Comme toujours dans le domaine des relations humaines, il n'existe pas de miracle ; mais je constate que des situations se dénouent parfois très lentement, que de vieilles rancœurs qui ont pu se dire s'atténuent, que des positions s'affirment plus clairement, que des décisions se prennent plus sereinement... et tout cela me semble être au bénéfice du résidant.

Même si je me bats avec énergie, conviction et persévérance pour les progrès du soin en gérontologie et l'amélioration de l'accompagnement des personnes âgées par le personnel, les familles et tous les citoyens en général, même si certaines pratiques me révoltent, je sais que le changement ne se décrète pas, que les personnes n'évoluent pas dans la culpabilité et le jugement, mais dans l'écoute et la compréhension. Je reconnais que c'est parfois difficile, que l'impatience me saisit de temps à autre, que l'usure de la répétition inlassable des mêmes paroles me guette lorsque la fatigue s'installe. Je sais que le travail que j'effectue n'a que rarement des résultats tangibles rapidement, mais je sais aussi qu'il est loin d'être inutile, et je demeure convaincue que c'est la seule façon de faire progresser l'idée de la nécessité du changement dans les institutions.

Le travail en maison de retraite m'a également appris l'humilité sur mes propres possibilités ; je sais que j'ai des limites, que ma tolérance et mon écoute compréhensive (empathique, comme on dit dans le jargon psy) sont extrêmement difficiles, voire impossibles, dans certaines circonstances. J'imagine que certains lecteurs, certains collègues, ont les cheveux qui se dressent sur la tête à la lecture de ces lignes : « Comment, un psychologue n'est pas capable de travailler avec tout le monde ? Comment peut-on être psychologue et être sélectif sur les personnes avec lesquelles on travaille ? » Eh bien oui ! Nous avons aussi notre propre histoire et nos propres valeurs qui viennent parfois s'entrechoquer un peu brutalement avec celles des autres. Pour illustrer ces propos, je parle souvent d'une résidante qui avait été fiancée, pendant la guerre, à un officier allemand très investi dans le régime nazi ; ce dernier avait été assassiné vers la fin de la guerre ; elle ne s'en était jamais remise et ne s'était jamais mariée. Elle continuait, cinquante ans plus tard, à en vouloir à tous « ces sales juifs » qu'on aurait dû tous exterminer, et elle n'arrêtait pas de déverser sa haine contre le directeur de l'établissement qui était juif. Si je pouvais, certes, comprendre la souffrance qu'elle pouvait encore ressentir d'avoir perdu le fiancé qu'elle aimait, je n'arrivais pas à accepter que cela justifiât les propos antisémites qu'elle diffusait à tout va. Au bout de quelques entretiens, je lui signifiai donc que, malgré sa demande de soutien et sa recherche constante de présence, je ne pouvais pas travailler avec elle dans de bonnes conditions ; je lui proposai également qu'on trouve ensemble une solution, si elle avait vraiment besoin d'être aidée, ce qu'elle refusa. J'ai fait part de cette position à l'équipe soignante en demandant que les personnes qui avaient peut-être une relation plus facile avec elle essaient d'être un peu plus présentes.

Il se peut que cette anecdote suscite quelque révolte et incompréhension chez certains lecteurs, mais j'ai toujours défendu le discours de la vérité. Il me semble inutile de chercher à se cacher ses propres sentiments, sympathies et antipathies ; si certaines de nos émotions peuvent être travaillées au regard de notre propre histoire et permettre qu'un travail s'effectue dans de bonnes conditions, je sais que, en ce qui me concerne, il restera toujours des situations faisant partie du champ de l'inacceptable. Les contours de l'inacceptable ont, certes, des chances de se modifier avec le temps, mais il ne sert à rien de vouloir devancer ou forcer ses propres évolutions personnelles.

L'exercice de mon métier en institution m'en apprend tous les jours sur les évolutions de la société, sur les mutations de la famille et sur tout ce que peut mettre en jeu l'entrée dans le grand âge et la dépendance d'un proche et la décision de son placement en institution. Lorsque je parle avec les familles, je m'aperçois combien beaucoup d'entre nous vivent dans une grande solitude « entourée ». Bien que mariés, avec des enfants, une famille, des amis, un grand nombre de sujets n'ont jamais rencontré personne à qui parler de leurs difficultés, de leurs problèmes et de leurs sentiments. Lorsque la porte est entrebâillée, le flot des paroles non dites, des émotions jamais montrées peut alors se déverser.

Je me dis régulièrement qu'il y aurait beaucoup à faire en termes de développement de lieux d'écoute et d'aide aux familles ayant à s'occuper d'une personne dans le grand âge.

Je me mets alors à rêver, tout à fait consciemment cette fois, et en espérant que cela ne soit pas que de la science-fiction, qu'un vaste mouvement de prise de conscience ait lieu et que notre société dite « avancée » se mette à se préoccuper vraiment de ses vieux et de leur accompagnement. Je me prends à rêver que les politiques et les citoyens de tous poils se posent un jour la question de la vie de tous ceux qui n'ont pas la possibilité de descendre dans la rue, de dresser des barricades, de bloquer le trafic routier, d'empêcher les départs en vacances, de mettre en péril l'économie. Je me prends à rêver que, pour une fois au moins, la une des journaux ne soit pas faite avec le titre racoleur de la dernière personne mordue par un de ces pitbulls qui auraient pu être interdits depuis longtemps, mais avec le problème de la qualité de vie de tous ces oubliés que sont « nos vieux ». Alors, je voudrai bien croire que la société et l'humanité sont en progrès...

« J'aimerais tant manger des fruits de mer ! » Surprendre les gens avec ce qu'ils espèrent

Il m'arrive souvent, chez moi, d'avoir envie de me faire des petits plaisirs alimentaires. Supposons quelques instants que j'aie envie de manger des fruits de mer. C'est déjà sûrement un peu plus compliqué que de vouloir boire un jus d'orange, mais ce désir reste dans l'ordre de ce qui est assez facilement réalisable.

Plusieurs solutions se présentent à moi, pour peu qu'on ne soit pas en été : aller chez le commerçant qui se trouve, tout au plus, à dix minutes en voiture et qui a toujours des produits très frais, et revenir tranquillement chez moi déguster huîtres, moules, praires, crevettes ou tourteau ; ou bien aller dans un restaurant affichant quelques spécialités marines à sa carte et choisir celle qui me fera le plus plaisir ce jour-là, au gré de mon humeur du moment.

Supposons maintenant un instant que je sois en maison de retraite, ou dans une collectivité quelconque. Hormis quelques clubs de vacances où tout a été prévu (ou presque) pour anticiper nos moindres désirs, mon envie va devenir déjà nettement plus difficile à satisfaire. Plusieurs cas peuvent se présenter.

Un menu a été prévu, et il n'est pas question de déroger à la règle collective selon laquelle cent ou deux cents personnes doivent avoir les mêmes préférences alimentaires au même moment. « Des huîtres, vous pourrez en manger à Noël ! » (Et pour peu qu'à Noël, vous préfériez le foie gras aux huîtres, vous êtes « cuit » !)

Deuxième hypothèse : l'établissement dans lequel vous êtes est à la pointe du progrès et dispose des ressources financières nécessaires pour vous proposer tous les jours un choix entre deux hors-d'œuvre et deux plats principaux. Mais pas de chance ! Dans le choix proposé, pas de fruits de mer ! De toute façon, il n'y en a jamais, d'abord vous n'êtes pas en Bretagne, et puis c'est trop compliqué, trop cher !

Autre possibilité : vous ravalez l'eau qui vous vient à la bouche rien qu'à l'idée de manger des langoustines, et vous attendez qu'un de vos enfants ou un de vos proches vienne vous voir pour lui dire que vous aimeriez bien aller au restaurant (ce qui ne vous assure pas, pour autant, de la réussite de votre projet, tous les obstacles n'étant pas encore surmontés !).

Enfin, vous êtes en fauteuil roulant et ne pouvez vous déplacer tout seul ; vous n'avez plus de famille, pas d'amis et, votre retraite étant bien maigre, vous ne disposez que d'un minimum d'argent de poche qui vous permet tout juste d'acheter quelques cigarettes, votre revue préférée de mots croisés, et de boire un café de temps en temps. Le goût des fruits de mer risque alors de devoir être rangé au rayon des souvenirs et des plaisirs désormais définitivement interdits.

En maison de retraite, un souhait, une demande, apparemment simples à satisfaire, peuvent devenir d'une grande complexité. Contraintes collectives, réglementaires, budgétaires, organisationnelles, obligent.

On a beau dire que l'institution doit être organisée autour des besoins des résidants et représenter un réel lieu de vie pour eux, les choses ne sont pas aussi simples, loin de là !

Si j'ai pris l'exemple des fruits de mer, c'est que

cette situation s'est produite dernièrement dans l'un des établissements où je travaille.

Je passais au moment du repas dire un petit bonjour à chaque résidant présent, lorsque D. me dit qu'il n'appréciait pas trop le menu du jour. Je lui demandai alors ce qu'il aimait, s'il y avait quelque chose qu'il aurait plaisir à manger. Et il me répondit : « Ah ! si je pouvais manger des fruits de mer ! » J'ai la chance de travailler dans un établissement où l'équipe essaie de repérer les désirs et les intérêts manifestés par les résidants, et d'y répondre dans la mesure des possibilités institutionnelles. M. D. a donc de fortes chances de pouvoir déguster prochainement des fruits de mer.

Vous penserez peut-être que j'ai pris un exemple un peu extrême. Mais une autre anecdote va vous prouver le contraire.

Un soir, je partais de mon bureau et, en me voyant passer, une résidante, Mme B., m'appela. Elle me montra les magnifiques œufs tout frais qu'une amie lui avait apportés l'après-midi même. « Vous comprenez, me dit-elle, ici, on ne mange jamais d'œufs au plat, et je les aime tellement. J'en avais parlé à mon amie la semaine dernière, et aujourd'hui, elle m'en a apporté ! Vous croyez que je pourrais demander qu'on m'en fasse cuire deux ce soir ? » Au courant de la réglementation interdisant de servir des œufs en collectivité, je lui répondis que j'allais me renseigner. Finalement, l'établissement fit, ce soir-là, une légère entorse à la réglementation et la décision fut prise de servir des œufs à Mme B.

En rentrant chez moi, je m'imaginais à près de 90 ans, comme cette dame, en maison de retraite, et ne pouvant plus satisfaire tous ces petits plaisirs qui agrémentent tant ma vie. Le sourire de cet automobiliste qui m'a cédé le passage au carrefour ce soir, ce petit whisky que nous dégustons parfois en apéritif avec mon mari tout en parlant de la journée qui vient de s'écouler, les premières cerises que je savoure à peine cueillies sur l'arbre, le roman terminé en prenant mon petit déjeuner à l'heure de mon réveil naturel, sans contrainte, la visite inattendue d'amis et le repas préparé à l'improviste en bavardant de tout et de rien dans la cuisine, se trouver dehors après la pluie, lorsque toutes les odeurs de la terre remontent..., dessiner sur la vitre pleine de buée, comme je le faisais à 6 ou 8 ans... La liste pourrait être longue de tous ces petits riens qui sont déjà quelque chose, comme dirait Raymond Devos.

Ce sont tous ces petits bonheurs additionnés, ces apparentes futilités qui construisent une vie, qui font qu'aujourd'hui n'est ni hier, ni demain ; ces infimes sensations qui nous font éprouver que l'automne n'est pas l'hiver et qu'on peut trouver de la joie et du charme dans chaque saison, dans des instants privilégiés de chaque jour. Si l'on ne peut, certes, réduire le bonheur à une simple addition de jouissances de l'instant présent, tous les plaisirs minuscules contribuent cependant à la sensation de l'épanouissement et du bonheur, pour peu que nous ayons conscience de l'importance de ces moments et que nous puissions en apprécier la valeur. C'est, tout au moins, ma conviction fondée sur mon vécu personnel.

Pour revenir à mon propos de départ, je m'imagine qu'à 90 ans je ne puisse plus manger de pommes de terre au reblochon (la tartiflette pour les Savoyards) que j'aime tant... et la tristesse me vient déjà ! Parce que les pommes de terre au reblochon, ce n'est pas que des pommes de terre, de l'oignon, des lardons et du reblochon..., mais bien d'autres choses encore, beaucoup plus importantes.

Lorsque je mange de la tartiflette, ou tout simplement du reblochon, je n'ai pas que les papilles qui fonctionnent, mais aussi l'odorat (vous me direz : avec du reblochon, c'est un peu normal !) et tous les autres sens. Ce sont ma machine à souvenirs, mon réservoir d'émotions, ma fabrique de rêveries qui commencent à fonctionner.

Allez, vous allez faire l'expérience avec moi, on ferme les yeux ensemble, quelques instants : moi je pense à mon reblochon, et vous, à quelque aliment ou boisson que vous aimez particulièrement. Laissez-vous bien imprégner par les différentes sensations qui apparaissent : l'odeur, le goût, les images qui apparaissent, les sons qui se font entendre.

Je ne connais pas les sensations qui sont apparues en vous, mais je vais vous raconter les miennes.

Lorsque je mange du reblochon, ce sont des images de la Haute-Savoie qui se présentent à moi. Mon ami Robert, la maison familiale de vacances qu'il dirigeait, loin de l'agitation du monde, la petite route dans les sapins, puis la piste très raide à grimper à pied (que voulez-vous, la beauté, ça se mérite), la contemplation du coucher de soleil sur le Mont-Blanc. Et ce dîner inoubliable, un soir d'été, dans cette petite auberge également perdue dans la montagne. La douceur de l'amitié, la vue imprenable sur les cimes enneigées, la fraîcheur de l'air, juste ce qu'il faut, la chaleur de l'accueil des propriétaires du restaurant, et une tartiflette inoubliable ! Lieu de sérénité, de calme, de grandeur, d'humilité et de simplicité. Ce qui donnait du prix, pour moi ce soir-là, à ce plat régional, ce n'est pas seulement la qualité du reblochon ou la saveur particulière des pommes de terre récoltées dans le potager, mais l'ensemble du contexte qui faisait de ce moment un moment mémorable de la vie telle que je l'aime. J'avais rencontré là des personnes qui avaient su redonner du sens et de l'authenticité à la table d'hôtes et à la cuisine familiale.

Vous voyez jusqu'où m'emmène le reblochon !

Et il en est ainsi pour des musiques, des images, des odeurs, des goûts, des sons qui sont capables de réveiller, faire revivre tant d'instants passés. Amusez-vous à constituer votre répertoire personnel des sensations capables de vous replonger dans des expériences agréables. Bien sûr, cela fonctionne aussi pour des sensations évocatrices d'expériences désagréables, mais celles-là, inutile de les rappeler trop souvent à notre mémoire !

Si cela fonctionne pour chacun d'entre nous, c'est également vrai pour les personnes très âgées.

Ce n'est sûrement pas un hasard si le livre de Philippe Delerm *La Première Gorgée de bière et autres plaisirs minuscules* a eu un tel succès. Car ce sont certainement ces événements-là, propres à chacun, la plupart du temps invisibles, imperceptibles, insaisissables pour les autres, qui procurent joie et bonheur au quotidien. Des instants qu'il faut savoir attraper à la volée. Cela demande attention à chaque moment de vie, présence authentique et pleine dans l'instant en train de s'écouler.

Il nous faut parfois la maladie, la perte d'un proche, une grande souffrance pour apprendre à vivre davantage ici et maintenant, en laissant de côté regrets sur le passé, précipitation du moment, constantes anticipations sur l'avenir.

Nous devrions peut-être faire cette plongée dans nos minuscules plaisirs et nos joies infimes lorsque nous travaillons avec des personnes âgées, ou même simplement lorsque nous en côtoyons dans notre entourage. Car, très souvent, nous disons : « Elles n'ont envie de rien, elles ne veulent plus rien, elles ne manifestent aucun désir, elles n'ont plus d'intérêts. » Ce qui est vrai si nous nous en tenons à leur seul discours. Dans nos institutions, un nombre important de résidants n'expriment plus de « Je voudrais... », « J'ai envie de... », « J'aimerais bien... »... Quand on leur propose des activités, souvent ils refusent et ce sont toujours les mêmes qui participent aux animations proposées. Les familles, angoissées, culpabilisées par l'ennui qui semble habiter leur parent, font parfois le forcing pour que le personnel le sorte, voire le contraigne à se joindre aux groupes d'animation.

Mais, grâce au développement d'une relation individualisée qui prend parfois des mois, grâce à la mise en confiance et à l'échange, à ce que la personne âgée dit de sa vie et de ses intérêts passés, et à travers ses comportements qu'il faut apprendre à décoder, on parvient parfois à mettre à jour ce qui peut encore susciter du plaisir, de l'intérêt. Il s'agit d'aller dénicher la vie dans les plus petits interstices de la personnalité de chacun, là où elle s'est blottie et peut encore exister ou subsister.

Dans les représentations collectives, le bonheur, la joie et le plaisir n'existent souvent que dans le démonstratif, l'exceptionnel, l'apparent, les marques ostensibles de contentement. Et pourtant, pour chacun de nous, et c'est encore plus vrai dans le grand âge, c'est souvent l'infime, le petit, qui est grand. La personne âgée « ne veut plus mordre dans du pain. Elle ne veut plus mordre tout court. Grignoter, c'est sa nouvelle façon de consommer les choses, la vie, sans exploit, sans performance[1] ».

La symbolique des dents est d'ailleurs significative. Les dents sont symbole de jeunesse, de puissance, d'agressivité. Combien de personnes âgées ne veulent plus porter d'appareil dentaire, oublient de le mettre, le perdent ou disent ne pas le supporter. L'actualité n'est plus au sourire, il n'est plus question de mordre dans la vie « à pleines dents », « d'être sur les dents » en attente des projets à réaliser, mais plutôt de goûter la vie « du bout des dents ».

Avec les résidants, les choses se jouent donc

---

1. Noëlle Châtelet, *La Dame en bleu*, Stock, 1996.

conjointement dans la durée et l'éphémère. Dans la durée pour le temps qu'il faut parfois pour repérer ce qui pourrait encore susciter du plaisir. Dans l'éphémère parce que la joie éprouvée ne peut durer que quelques minutes et ne laisser aucune trace apparente dans la mémoire le lendemain.

Comme je le dis souvent, en gérontologie, on ne travaille pas pour plus tard, pour demain ou après-demain, pour le long terme, mais pour maintenant et tout de suite. Et lorsqu'on est dans l'établissement de la relation et de la confiance, qui peut dire si l'on aura jamais un jour un « résultat », ou si le temps nous laissera le temps ?

L'institution ne peut pas s'adapter et prendre en compte totalement l'individualité de chacun et ses désirs propres. Cependant, si le ton du début de ce chapitre était volontairement provocateur et vif, c'est que, malheureusement, encore beaucoup trop d'établissements ne jouent que sur le registre de l'apparence, des faux-semblants, en pensant mettre de la vie grâce à quelques activités « récréatives ». Le point de rupture se situe justement entre les pratiques aspirant à « donner » de la vie de l'extérieur et celles s'efforçant d'aller d'abord chercher la vie là où elle existe encore. Aller en quête de ce qui peut permettre à la personne âgée de vivre ou revivre quelques instants de plaisir, si brefs soient-ils, qui peuvent lui faire sentir que tout n'est pas gris et sans relief, que tout n'a pas le même goût, la même odeur.

Le plaisir rassemble à la fois ce qui vient de loin dans le passé et ce qui se crée dans le présent ; il associe des sensations et des souvenirs, le corps et l'imaginaire, comme dans le plaisir que suscite chez moi la dégustation d'un reblochon.

Les exemples que j'ai pris concernent la nourriture parce que, dans notre pays et pour nos générations, les plaisirs s'y rapportant restent importants tout au long de l'existence pour nombre de personnes. Dès le plus jeune âge, la nourriture a une valeur affective et une signification relationnelle. La bouche, zone érogène dès les premiers mois de la vie, garde une forte symbolique au fil des âges, et reprend parfois dans la grande vieillesse la première place dans les sources potentielles de plaisir. De la même façon, le désintérêt de tout, l'absence de plaisir s'accompagnent fréquemment d'un « Je n'ai pas faim », comme dans certaines dépressions et dans le syndrome de glissement.

Mais le plaisir peut trouver son origine dans tous les domaines de la vie, variables suivant les individus : alimentation, sexualité, sport, art, contact avec la nature, échange avec les autres... D'autres « plaisirs minuscules » peuvent donc être exprimés un beau jour par les personnes âgées, qu'elles soient en institution ou chez elles. Cela peut être aussi simple que manger des œufs sur le plat, boire du champagne, aller fumer sa pipe sur la terrasse, retourner au petit matin voir les pêcheurs ramener les filets, faire le marché comme avant, écouter quelqu'un vous lire le passage d'un livre qui a été apprécié autrefois et qu'on ne peut plus lire soi-même pour des raisons de déficience visuelle, avoir une oreille attentive à côté de soi pour écouter raconter les bals d'autrefois qu'on aimait tant fréquenter, pouvoir, encore une fois, préparer cette daube aux raviolis qu'on faisait si bien... ou, au moins, en manger « une vraie, comme on la préparait avant » (ainsi que me le disent tant de vieilles Niçoises pure souche)... La liste pourrait être longue de ces actions sans importance apparente, de ces doux gestes du quotidien tant de fois répétés, et qui prennent à présent toute leur valeur, parce qu'on ne peut plus les réaliser facilement.

Le bonheur tant convoité toute sa vie prend, avec l'âge, l'image de la constance et de la régularité de ces bribes anodines du quotidien. Un détail, un objet, une saveur, une odeur, une image, une sensation, ont le pouvoir de ramener à notre esprit des journées, des mois, des années. Sagesse de l'âge, mystère des naufrages dans la mémoire et des trésors qui ressortent intacts des épaves des souvenirs, parfois même avec les personnes les plus désorientées.

La réponse à ces petits intérêts manifestés parfois de façon uniquement non verbale peut paraître dérisoire. Chez une personne, nous n'arriverons parfois pas à satisfaire plus d'un souhait. Parfois également, nous pourrons passer des heures avec un résidant sans que transparaisse le moindre indice auquel pouvoir rattacher la possibilité d'un instant de plaisir. Mais nous n'avons pas le droit de risquer de passer à côté de cette occasion potentielle. C'est parfois tout ce qui leur reste. Et quand bien même continueraient, au bout de plusieurs semaines, à ne se manifester que regrets sur le passé, amertume, difficulté de vivre dans le grand âge et unique désir de mourir, le simple maintien de la communication et de la relation est fondamental. Car c'est la communication qui nous fait être humains.

Le plaisir peut se situer pour la personne très âgée dans la simple rencontre régulière d'un interlocuteur avec lequel il y a échange, communication, reconnaissance. Dans mon travail quotidien, il m'arrive assez souvent de voir des résidants qui me disent, à l'instar de Mme C. : « Ça me fait du bien pour toute la journée de vous voir. Ça sera mon petit bonheur du jour ; je suis sûre que vous, vous me comprenez. »

C'est sur la base d'une relation et d'une mise en confiance avec au moins une personne de l'établissement que peuvent parfois surgir des désirs plus ou moins masqués. Comme je l'écrivais dans un autre ouvrage, pour que fonctionne de la demande, il faut quelqu'un qui puisse la recevoir, l'entendre. Pour que la personne elle-même se considère comme sujet désirant et s'expose aux risques de la communication et de la formulation du désir, il faut qu'elle soit reconnue par le personnel, la famille et les proches comme un interlocuteur à part entière, conservant sa dignité d'être humain jusqu'à la fin.

Dans les établissements que vous pourrez avoir l'occasion de visiter, ne vous intéressez pas seulement au programme d'animation, aux activités visibles au premier abord, à celles qui s'entendent et qui parfois ont pour fonction essentielle de donner une bonne image de la maison en laissant transparaître des signes qui, pour nombre d'entre nous, sont évocateurs de vie et de gaieté.

Les établissements se contentent trop souvent de simulacres de vie sociale, de musique, de guirlandes et de flonflons, de faux-semblants de fêtes où l'ennui et la tristesse qui se lisent sur le visage d'un certain nombre de résidants sont inversement proportionnels à l'énergie déployée par le personnel, pourtant pourvu des meilleures intentions du monde. Il n'est pas question, pour autant, de dire que les fêtes et les activités traditionnellement proposées en maison de retraite sont inutiles. Les unes peuvent être des occasions de rompre la monotonie des jours qui se suivent et se ressemblent tous, de rassembler des personnes autour de moments importants qui rythment l'année, le déroulement des saisons, et qui peuvent rappeler et faire revivre « le bon vieux temps ». De même, les activités, les ateliers peuvent servir de prétexte à la communication entre les personnes, ils peuvent même parfois faire surgir des intérêts nouveaux, voire des talents cachés. Ils peuvent se prolonger par les conversations qu'ils vont susciter, en construisant des souvenirs communs à des petits groupes de résidants.

Mais les programmes d'animation bien remplis et le foisonnement des activités ne doivent pas servir à masquer notre incapacité à développer de réelles relations personnalisées avec les personnes âgées pour éventuellement élaborer, avec elles, le projet, aussi infime puisse-t-il paraître, qu'elles désirent vivre. Il est alors davantage question de « vivre avec » que d'« agir pour ». Si des activités doivent exister, si un programme d'animation doit être élaboré, c'est le souci des personnes, de chaque individu dans la collectivité, qui doit primer. La véritable animation part de la rencontre, du quotidien, et émerge souvent de l'imprévisible.

Il est donc important de repérer dans les établissements ce qui se fait au niveau individuel, au niveau de ce que j'appelle l'animation relationnelle et de proximité, destinée à repérer les désirs et les plaisirs existant encore éventuellement, et à mettre en place les conditions pour qu'ils se réalisent, autant que faire se peut.

Si les institutions ne peuvent certes pas s'adapter totalement au rythme, aux besoins, aux habitudes de chacun, elles peuvent au moins se donner le projet et les moyens de développer çe travail relationnel de proximité. Si je pense qu'on ne peut, dans nos établissements, avoir la prétention de rendre les résidants heureux, j'avance qu'il est de notre devoir de leur fournir toutes les occasions que nous pourrons saisir de leur apporter un peu de plaisir. Les personnes âgées sont souvent beaucoup moins exigeantes qu'on ne le croit en matière de joie et de plaisir, peut-être parce qu'elles ne sont plus dans la recherche de la performance et qu'elles savent que le temps leur est compté.

Avec les personnes très âgées, nous n'avons pas d'autre choix que de jouer aux pêcheurs de vie avec nos épuisettes à petits bonheurs. L'essentiel de notre travail consiste peut-être à surprendre les gens avec ce qu'ils n'osent même plus espérer. C'est là toute la magie des relations créatives entre les humains, le plaisir du cheminement de l'humain vers l'humain.

Disparitions

> « Ceux qui ont très peu de jours et ceux qui sont très vieux sont dans un autre monde que le nôtre. En se liant à nous ils nous font un présent inestimable. »
>
> Christian Bobin, *La Présence pure.*

Remettons-nous quelques instants dans la peau de Mme Rodriguez :

Tiens, c'est curieux, ce matin, ma voisine n'est pas dans son lit ; habituellement, elle se réveille toujours plus tard que moi et le personnel fait sa toilette juste après la mienne. C'est étonnant qu'elle soit déjà debout car, ces derniers jours, elle était fiévreuse et n'était pas en forme du tout. On vient m'apporter le petit déjeuner. J'en profite pour demander où est ma voisine de chambre. On me répond qu'elle est assez fatiguée et qu'on a dû l'hospitaliser. Après ma toilette, quelqu'un vient défaire complètement son lit, mais on ne le refait pas comme d'habitude. Il reste comme ça, tout vide. Dans l'après-midi, une personne vient prendre ses affaires, tous les vêtements qui sont dans l'armoire : c'est peut-être pour lui apporter à l'hôpital ? Mais tout de même, à l'hôpital, on n'a pas besoin de tous ses habits. Et ils prennent même les objets qui sont sur sa table de nuit. Je redemande de ses nouvelles, et on me répond qu'il ne faut pas m'inquiéter, qu'elle est malade mais qu'elle va bientôt revenir. Le soir, dans ses placards, il n'y a plus rien qui lui appartient. Je ne comprends pas. Ils vont peut-être me mettre quelqu'un d'autre à côté pendant qu'elle est à l'hôpital ? Je me retrouve toute seule dans la chambre sombre ; j'ai du mal à m'endormir ; finalement, je me suis habituée à cette petite compagnie. Même si elle ne parle pas beaucoup, on se dit quand même quelques mots, et puis on se dit « Bonne nuit » avant de s'endormir.

Lorsque je me réveille, je suis toujours seule ; je ne sais pas pourquoi, mais je sens quelque chose de bizarre, d'anormal. Cette fois-ci, je demande directement à l'infirmière de quoi souffre ma compagne de chambre, dans quel hôpital on l'a emmenée. Elle me répond qu'elle ne va pas bien et qu'elle est toujours à l'hôpital. Je la sens gênée, mais je me fais peut-être des idées après tout.

– Il y a une autre dame qui va venir dans la chambre, en attendant ?

– Je ne pense pas, en tout cas pas aujourd'hui.

– Et pourquoi on a pris toutes ses affaires ?

L'infirmière a déjà tourné les talons, sans me répondre. Elle n'a peut-être pas entendu ma question. Elles sont toujours pressées, on n'a jamais le temps de leur parler vraiment.

Je sais bien que je perds un peu la mémoire, mais je suis quand même pas folle. J'ai l'impression qu'on me cache quelque chose, je sens tout le monde mal à l'aise quand je demande de ses nouvelles. On dirait qu'ils évitent de me parler d'elle. Oh, mon Dieu, voilà qu'une idée noire me traverse l'esprit : et si elle était morte ? Peut-être qu'ils n'osent pas me le dire ? Mais pourquoi ils feraient ça ? Je suis perdue dans mes pensées et mes interrogations, lorsque j'entends un bruit de talons :

tiens, voilà la ... cinécologue. Non, c'est pas ça... Je ne me souviens jamais comment on dit. Elle m'a bien dit son nom aussi, mais je ne m'en souviens pas. C'est pas cinécologue, ça doit être spychologue, voilà, c'est ça ! Je sais que c'est elle qui arrive parce que c'est presque la seule dans la maison à être habillée normalement ; les autres, ils sont tous en blanc, ils ont des sabots et on les entend jamais arriver, d'ailleurs, parfois ça me surprend et ça me fait peur. Bon, mais peut-être qu'à elle, je vais pouvoir lui demander quelque chose.

Elle arrive vers moi en souriant ; c'est agréable parce que je sais que elle, elle a toujours un visage avenant et souriant. D'ailleurs, ici, c'est simple : parmi le personnel, on peut faire deux catégories : ceux qui vous sourient et ceux qui ne vous sourient quasiment jamais et ont toujours l'air d'être de mauvaise humeur. Elle me demande de mes nouvelles, me parle un peu. Et puis je me lance :

– Euh... ma voisine... On m'a dit qu'elle est malade, à l'hôpital...

– Oui, en effet. Mais vous savez, on n'a pas de très bonnes nouvelles...

– Ah bon ! Mais qu'est-ce que ça veut dire ? Ils vont la garder à l'hôpital ? Elle ne va pas revenir ?

– Non, elle ne va pas revenir. On ne vous a rien dit ?

– Oh, ici, pour savoir quelque chose... Tout le monde est toujours pressé. Mais, dites-moi... Elle, euh... elle n'est pas morte au moins ?

– Eh bien, malheureusement si. Elle est décédée dans la nuit de lundi à mardi. Je pensais que vous étiez au courant.

– Non, on m'a juste dit qu'elle était malade à l'hôpital. Alors elle est vraiment morte ? J'avais bien vu qu'ils avaient enlevé toutes ses affaires. Pourquoi tout le monde m'a menti ? Ils croient que quand quelqu'un disparaît on s'en aperçoit pas ? On n'est pas si gâteux que

ça ! Ils croient qu'on ne sait pas qu'il y en a qui meurent dans la maison, et que bientôt, ce sera notre tour ?

– Je ne sais pas pourquoi vous n'avez pas été informée. Je pense que le personnel voulait vous ménager en vous annonçant la nouvelle progressivement.

– Elle était quand même bien gentille, Mme M., même si on se parlait pas beaucoup. Ça me fait de la peine. C'est peut-être mieux comme ça, c'est ce qu'elle voulait.

On a un peu parlé avec la spychologue de Mme M., de sa famille. Je lui ai demandé quand elle allait être enterrée, mais elle ne le savait pas.

Il m'est arrivé à plusieurs reprises d'avoir des conversations proches de celle-ci avec des résidants et de devoir annoncer moi-même le décès d'une personne. J'en parle toujours ensuite au personnel, d'une part pour l'informer de ma démarche afin que le mensonge ne se poursuive pas, d'autre part pour essayer de comprendre pourquoi la vérité n'a pas été dite. La réponse est quasiment toujours la même : « On n'a pas osé », « On avait peur de sa réaction », « C'est inutile de lui faire de la peine », « On ne sait pas comment s'y prendre »...

Dans les établissements où j'interviens, il arrive maintenant que le personnel vienne me demander d'annoncer un décès à certains résidants, ce qui est déjà un progrès quant à la prise de conscience de l'importance d'en parler. Un travail de formation, d'échange en équipe sur les situations vécues reste à faire afin que les soignants eux-mêmes soient capables de faire cette démarche. Mais la mort est un sujet toujours difficile à aborder dans nos établissements. Ne pas parler de ce qui nous fait peur est un mécanisme de défense bien naturel contre l'angoisse que certains sujets peuvent susciter en nous.

Le problème est identique avec les familles.

Lorsqu'une personne proche d'un résidant vient de décéder, il arrive très fréquemment que la famille ne veuille pas en informer son parent « parce que ça ne changerait rien », « parce que le choc risquerait d'être trop important », « parce que, de toute façon, elle ne s'en apercevra pas ou ne s'en souviendra même pas une heure plus tard, « parce qu'elle ne le voyait plus et qu'elle ne saura pas qu'il est mort, alors autant lui épargner ça »...

Après discussion, la famille parvient parfois à vaincre ses peurs et ses résistances et à prendre conscience de l'importance de tenir le discours de la vérité à son parent. Elle décide alors soit de l'informer elle-même, soit de demander à un membre du personnel (cadre infirmier, infirmier, psychologue...) de le faire. Mais il est également fréquent que les proches maintiennent leur position de silence pendant plusieurs mois, voire plusieurs années.

Il en a été ainsi avec Mme T. Cette dernière recevait assez régulièrement la visite de l'un de ses frères. Puis les visites cessèrent et furent remplacées par des appels téléphoniques. Puis plus rien. Mme T. ne demanda rien à sa famille qui, elle-même, ne parla pas du décès du frère après une brève période de maladie. Pendant plusieurs mois, Mme T. continua à ne poser aucune question à son fils et à sa belle-fille. Elle ne parlait jamais de son frère à qui que ce soit.

C'est à peu près à cette période que je pris mon poste dans l'établissement où séjournait Mme T. Je restai pendant plusieurs semaines dans l'ignorance complète de la situation, Mme T. n'évoquant jamais l'existence de son frère dans les entretiens que nous avions. C'est lorsqu'elle commença à me parler de son étonnement de ne plus avoir de nouvelles de lui que je pris connaissance des événements en allant m'informer auprès du personnel. Mme T. continua à s'interroger épisodiquement, tout en s'apportant immédiatement une réponse à elle-même en disant : « Il doit être fatigué. » Sans doute savait-elle inconsciemment, mais elle n'osait pas, ne pouvait pas accepter la situation et préférait rester dans l'incertitude plutôt que de se confronter à la vérité. L'équipe entreprit alors un travail auprès de la famille, mais c'est seulement au bout de plusieurs semaines que les enfants acceptèrent d'informer leur mère du décès de son frère. Je soutins alors régulièrement Mme T. qui avait besoin de parler de ce qu'elle avait partagé avec son frère, de sa tristesse, de sa douleur, comme ont besoin de le faire de nombreuses personnes qui ont un travail de deuil à effectuer. Mme T. surmonta assez rapidement cette épreuve.

Ce genre de situation nous place face à des questions éthiques d'importance. Lorsque Mme T. se mit à évoquer son frère dans nos entretiens, et que je fus mise au courant de la situation, je ne pouvais ignorer qu'il y avait, derrière son interrogation et la réponse qu'elle y apportait elle-même, un début de recherche de la vérité, un appel pour en savoir davantage, une anxiété probable générant sa conduite de fuite pour ne pas savoir vraiment, tout en commençant à chercher à savoir. Si sa famille avait refusé de dire elle-même ce qu'il en était vraiment, aurais-je eu le droit de l'informer, en passant outre le souhait des enfants ? À partir de quand aurait-il été opportun de le faire, sachant que le silence durait depuis des mois, et que Mme T. semblait préférer ne pas savoir en ne posant pas de questions ? Aurais-je dû dire la vérité entière en parlant de la date ancienne du décès et en expliquant que la famille n'avait pas pu lui dire, de peur de lui faire trop de peine, avec le risque que Mme T. perde confiance en ses enfants à cause de ce mensonge ? Aurais-je dû dire que son frère venait de décéder, au risque de me retrouver dans une situation embarrassante si Mme T. avait demandé à aller aux obsèques ?

Je voudrais aussi évoquer un couple de résidants, M. et Mme P., tous deux âgés d'environ 90 ans. Mme P. est entrée une première fois dans l'établissement suite à une fracture du col du fémur. Tout au long de son séjour, elle parlait régulièrement de son mari resté au domicile, et qui lui manquait. Ils étaient mariés depuis soixante-dix ans. Elle disait qu'elle voulait finir ses jours avec lui et qu'elle préférait mourir plus rapidement avec lui que plus tard et sans lui. Ce dernier, accompagné de temps en temps par ses enfants pour rendre visite à sa femme, s'ennuyait également beaucoup d'elle.

Il se dégageait de leur couple de l'amour, un attachement profond, une grande tendresse et beaucoup de respect mutuel.

Mme P. resta quelques mois dans l'établissement, car elle mettait du temps à se remettre, puis elle rentra à son domicile.

Environ un an plus tard, Mme P. revient dans l'établissement, cette fois avec son mari. Ils ne se quittent pas de la journée, se donnent souvent la main, et se font « le petit bisou le soir » en se souhaitant bonne nuit, ainsi que me le raconte Mme P.

M. P., qui souffre d'un cancer, est hospitalisé à deux reprises. Son épouse, très anxieuse, redoute qu'il arrive quelque chose. Lors de sa dernière hospitalisation, M. P. est renvoyé dans l'établissement avec un pronostic à très court terme (quelques jours).

Lors de son deuxième retour, la famille demanda que M. P. soit placé dans une autre chambre que sa femme et que celle-ci ne soit pas mise au courant, dans l'intention de l'épargner. La consigne était donc de dire à Mme P. que son mari n'allait pas bien et qu'il était toujours à l'hôpital, alors qu'il était au même étage qu'elle, dans l'autre aile du bâtiment. Quelques jours plus tard, lors de mon retour dans l'établissement, je suis choquée de prendre connaissance de cette décision. Comment a-t-on pu se permettre de se mettre à la place de Mme P. et décider qu'il était meilleur pour elle de ne pas revoir son mari et de l'imaginer seul à l'hôpital plutôt que de l'accompagner jusqu'à la fin ? Quant à M. P., il a été privé de la présence de son épouse dans ses derniers instants. Certes, il n'était pas conscient, mais nous savons que des personnes dans cet état continuent à être sensibles à une présence, des paroles. Je doute qu'une telle situation se produirait avec un couple beaucoup plus jeune. Les personnes âgées sont moins résistantes au stress, mais cela justifie-t-il de leur cacher ce type d'événement et de leur interdire de prendre les décisions qui les concernent au plus près ?

J'allai rendre visite à Mme P. qui me parla beaucoup de son inquiétude à propos de son mari et du long chemin qu'ils avaient parcouru ensemble. Je ne pouvais rien lui dire afin de ne pas trahir la confiance qu'elle pouvait avoir en ses enfants. Mais je sentais bien que, derrière ses inquiétudes, il y avait une question indirecte qui m'était posée. Peut-être est-ce le seul fait de la projection de mes propres sentiments ? Toujours est-il que j'ai la certitude que chacun d'entre nous est sensible à une ambiance relationnelle, au langage non verbal inconscient, au malaise qui ne peut que transparaître dans de telles situations. Il est des choses qui se savent sans jamais avoir été dites. Grâce à divers travaux, nous commençons à en être convaincus pour les enfants, pour les secrets de famille. Peut-être un jour accepterons-nous de nous dire qu'il en est de même pour les personnes âgées et que le mensonge ne dupe personne.

Je n'eus pas l'occasion d'évoquer ce problème avec la famille : M. P. décéda dans la nuit. Les enfants dirent à leur mère qu'il était mort à l'hôpital. Cette dernière ne put même pas le voir mort et n'eut pas le droit d'assister aux obsèques, parce qu'elle était en fauteuil et que « c'était trop compliqué ».

Mme P. ne se remit pas du décès de son mari ; chaque fois que je la rencontrais, elle pleurait, me disait combien il lui manquait et que son désir le plus cher était de le rejoindre là où il était. Elle mourut quelques mois plus tard.

Cette situation fut très difficile à vivre pour une partie de l'équipe. Car, si nous comprenons que l'intention des enfants est louable (préserver leur mère, la ménager en lui évitant la souffrance de l'accompagnement des derniers instants de son mari), il nous est difficile d'accepter que quelqu'un vienne rompre ce qui avait traversé les âges et casse, juste avant la fin, cette image idéalisée de l'amour que nous avions, enfin, la chance de rencontrer. De tels couples ont survécu à plus de soixante-dix ans de vie commune, et la rupture a lieu dans les derniers jours, imposée de l'extérieur.

Comme nous avons déjà eu l'occasion de le souligner, le respect du choix des familles n'est pas sans provoquer des réactions émotionnelles qu'il est important de pouvoir verbaliser et partager.

Cette histoire m'a profondément marquée et me laisse penser qu'un long chemin reste à parcourir pour laisser aux personnes âgées les droits minimum qui sont encore les leurs.

Chaque cas doit être envisagé dans sa singularité, mais, pour ce qui me concerne, dans l'exercice de mes fonctions, j'ai un certain nombre de fils conducteurs. Lorsqu'une telle situation se présente, je commence par essayer de travailler avec la famille, car je pense que la vérité sur la situation de ses proches est importante à connaître, le secret n'étant pas un facteur d'équilibre psychologique ; la personne âgée sent, au moins inconsciemment, qu'il y a quelque chose d'anormal qui se passe. Lorsque c'est possible, et lorsqu'elle se sent prête à le faire, je préfère que l'information soit donnée par la famille ; mais j'accepte aussi de la donner moi-même à sa demande.

Si les proches refusent de dire la vérité, et si j'entends que le résidant pose des questions, s'inquiète, voire me demande ouvertement ce qu'il en est, je temporise pour informer préalablement les proches que, si la question m'est reposée directement, je répondrai honnêtement à la personne. Certes, nous devons prendre des précautions, être vigilants sur la façon d'annoncer la nouvelle, soutenir la personne ensuite ; cette question devrait être réfléchie en équipe. Mais une personne, quel que soit son âge, a le droit de savoir ce que deviennent ou ce que sont devenus ses proches. Elle a le droit d'assister aux obsèques, car nous savons combien les derniers adieux sont importants et combien les rituels autour de la mort peuvent faciliter le travail de deuil. Nous ne dirons jamais assez que le silence et le mensonge sont souvent plus destructeurs que la vérité, si difficile et douloureuse soit-elle. Mais il est nécessaire ensuite d'accompagner la personne endeuillée, de la faire parler de ce qu'elle ressent, de sa douleur. L'accompagnement est indispensable car, en l'absence de parole, la personne va refouler, garder en elle tout ce qu'elle n'a pu exprimer, ce qui risque de ralentir ou empêcher le travail de deuil.

Certes, la décision de ne pas emmener le résidant aux obsèques est prise avec l'intention louable de le préserver, parce que « cela lui ferait trop de mal » (même s'il a manifesté le souhait de s'y rendre) ; je sais aussi que, parfois, et peut-être plus souvent qu'on ne le pense, c'est le personnel lui-même qui recommande à la famille cette position. Une sensibilisation de l'ensemble des partenaires sur les problèmes liés à la mort en institution serait donc indispensable. Le problème de l'accompagnement des personnes évoquant un deuil récent ou ancien se pose d'ailleurs régulièrement. Il arrive assez fréquemment que des soignants me disent qu'un résidant a évoqué avec eux un de ses proches disparus et s'est alors mis à pleurer. Leur réaction la plus fréquente est de détourner la conversation ou de faire comme s'ils n'avaient pas entendu « afin de ne pas remuer le couteau dans la plaie ». Je leur explique alors qu'il est important d'oser reparler du défunt, même si le décès est très ancien. La cicatrice existe toujours et les souvenirs peuvent resurgir aux moments anniversaires, lors de commémorations diverses. De Broca souligne que « la réponse de l'endeuillé montrera l'intensité affective qu'il lui porte encore.

« – Si celle-ci est prise avec recul (sans pleurer à l'évocation du drame), il est bon de lui parler ou de le laisser parler de la personne aimée. Cela ne peut que l'aider et lui redonner confiance en lui.

« – S'il surgit une explosion d'affects, la cicatrice n'est pas encore réalisée. Accueillir cette émotion permet à l'endeuillé de dire ce qu'il ne dit plus souvent à tous ceux qui l'entourent.

« Si l'on veut bien écouter Louis-Vincent Thomas nous enseigner que “la vraie mort, c'est l'oubli”, après la disparition du vieux, évoquer ce vivant qui nous a quittés, en reprenant son histoire en amont, permettra à la famille naturelle ou élargie de mieux vivre son deuil[1] ».

Mais il est évident que, pour faire cette démarche, le personnel doit s'en sentir prêt et capable. Ce qui signifie que la mort ne soit pas « tabou » dans l'établissement et que chacun ait la possibilité de travailler sur tous les aspects émotionnels et les résonances personnelles que suscite le travail dans un lieu où la

1. A. de Broca, *Deuils et endeuillés : (se) comprendre pour mieux (s')écouter et (s')accompagner*, Masson, 1997, p. 82.

mort est si présente dans la réalité et si absente dans les paroles.

Le problème de l'annonce d'un décès à un résidant est de nature différente lorsque ce dernier a des troubles de la mémoire et des fonctions cognitives. Est-il nécessaire, utile de l'informer du décès de l'un de ses proches, alors que dix minutes plus tard il ne s'en souviendra peut-être plus ?

L'équipe de l'un des établissements où je travaille a été dernièrement confrontée à une situation délicate. Mme L. est arrivée à la maison de retraite après un séjour assez long à l'hôpital. Elle commence à avoir des troubles de la mémoire et de l'orientation spatio-temporelle. Son mari, également malade, avait été hospitalisé, mais était, depuis, retourné à leur domicile. Dès l'entrée de Mme L., nous apprenons que son mari est décédé une dizaine de jours plus tôt, mais que personne ne l'en a informée. Mme L. a une fille avec laquelle elle est fâchée et qu'elle ne voit plus. Lors de nos premiers entretiens, elle manifeste rapidement de l'inquiétude pour son mari qui, dit-elle, avait l'habitude de lui téléphoner tous les jours lorsqu'elle était à l'hôpital. Elle me parle également de sa fille et de la tristesse qu'elle éprouve à ne plus avoir de relation avec elle, sans qu'elle connaisse les raisons de cet éloignement. Un jour, elle n'est plus venue la voir. Elle me dit combien cela lui ferait plaisir de la revoir avant de mourir, qu'elle ne lui en veut pas de son absence et qu'elle lui pardonne tout.

Au fil des entretiens, Mme L. exprime de plus en plus d'inquiétude à propos de son mari, jusqu'au jour où elle me dit : « Il n'est pas mort au moins, mon Roger ? » Prise de cours par la question directe, je lui dis que je comprends son inquiétude, que je ne suis pas au courant de la santé de son mari, mais que je vais me renseigner le plus rapidement possible à son sujet. Contactée par la surveillante, la fille de Mme L.

ne se dit pas prête à revenir voir sa mère et nous délègue la responsabilité de l'informer du décès. C'est ce que je fais en compagnie d'une surveillante. Ces situations sont toujours très pénibles à vivre. Nous restons un long moment avec Mme L. qui est en larmes. Je retourne la voir régulièrement durant le reste de la journée et je demande à l'équipe d'être vigilante sur son état.

La semaine suivante, lorsque je retourne la voir, Mme L. me parle de son mari comme s'il était encore vivant. Ce jour-là, je ne lui redirai pas qu'il est mort. Mais, quelques jours plus tard, elle me demande à nouveau : « Et mon Roger, il n'est pas mort au moins ? » Je me retrouve quasiment dans la même situation que la première fois, sauf que sa réaction est un peu moins vive.

Dans les semaines qui suivirent, Mme L. parla encore de son mari, mais ne posa plus de questions. Aujourd'hui, elle ne l'évoque plus comme s'il était encore vivant.

Certains lecteurs penseront peut-être que c'est cruel de mettre une personne désorientée dans la situation d'avoir à revivre plusieurs fois l'annonce du même décès comme si c'était la première fois. Je ne peux argumenter ici qu'avec mes convictions personnelles : celle qu'une personne, si désorientée, si détériorée psychiquement soit-elle, reste un être humain jusqu'au bout, sensible aux ambiances affectives, perméable au respect comme au mépris qu'on lui témoigne. Je suis convaincue que la personne garde quelque chose de l'information qu'on lui transmet, une trace, même si elle ne se souvient pas, même si les mots que l'on prononce semblent être, à ses yeux, dits pour la première fois. Il s'agit simplement de répondre avec délicatesse et tact, mais franchement, aux questions posées par les résidants et de les informer des décès qui viennent éventuellement d'avoir lieu.

Jusqu'à ce jour, les personnes âgées, lucides ou non, à qui j'ai dû annoncer un décès, m'en ont toujours témoigné de la reconnaissance et de la confiance, soit directement par leurs paroles, soit indirectement par des comportements, des attitudes, des gestes.

Dernièrement, une résidante d'un établissement où je travaille m'a demandé de lui prêter mon premier ouvrage. Elle l'a lu entièrement, m'a dit que j'avais raison de dire que les personnes âgées avaient des droits. Et puis elle a beaucoup insisté sur un aspect que j'évoque dans le chapitre sur la fin de vie : « Vous avez raison de dire qu'il ne faut pas cacher la mort aux personnes âgées. Parfois, ici, quand une personne meurt, on ne nous informe même pas ; parfois aussi, on nous ment, en nous disant qu'elle est partie ou hospitalisée (en espérant peut-être qu'au bout de quelques jours on oubliera de demander des nouvelles). C'est pas bien, parce qu'on ne sait pas ce que la personne est devenue ; parfois, on apprend son décès par le journal. »

La mort est un sujet douloureux pour chacun d'entre nous. Dans une maison de retraite, les décès sont relativement fréquents ; qui pourrait rester toujours de marbre en pareilles circonstances ? Qui pourrait ne jamais être affecté par le moindre décès ? Certainement personne d'humain, et donc pas même les psychologues ! Travailler sur la recherche de la juste distance avec les résidants, interroger sa propre histoire lorsque le lien avec certaines personnes âgées est plus fort, ne dispense pas de pouvoir être touché, attristé par les décès, et par certains plus que par d'autres. Cette souffrance doit être élaborée afin qu'un travail de deuil puisse se faire.

Il m'est arrivé à plusieurs reprises d'être particulièrement affectée par le décès de certains résidants.

Par un matin plutôt froid de février, j'arrive comme d'habitude à la maison de retraite. À peine le seuil passé, je remarque que règnent un calme inhabituel, une ambiance particulière. Au bureau d'accueil, on m'annonce d'entrée qu'« il y a encore eu un décès ce matin même, Mme B. ». C'est d'abord la surprise qui s'empare de moi. La veille au soir encore, en partant, je suis passée devant la chambre de Mme B. : je lui ai souhaité une bonne soirée, elle m'a répondu avec son joli sourire habituel. Je n'aurais jamais pensé ne pas la revoir le lendemain.

Je monte l'escalier ; l'atmosphère de la maison est triste. Il faut dire que cette année, le mois de février a été particulièrement terrible. Nous en sommes au quatorzième décès depuis le début du mois, suite à une épidémie de bronchite. Dans le couloir, je rencontre deux soignantes bouleversées par le décès de Mme B ; l'une d'elles appartient au service dans lequel elle était lorsqu'elle était plus valide. Elle est venue « la voir une dernière fois » et informer le personnel de l'étage de la robe que Mme B. souhaitait porter après son décès, parce qu'elle lui en avait souvent parlé. Elle me fait part également de la peine d'une de ses collègues qui s'est occupée de Mme B. pendant plusieurs années.

Je passe devant la chambre de Mme B. : ce matin, pour la première fois depuis longtemps, la porte est fermée. Me reviennent alors en tête son sourire de la veille au soir, son bonsoir, dont j'ignorais que ce serait le dernier. C'est difficile de réaliser, d'accepter. Arrivée dans mon bureau, je me sens triste, les souvenirs de moments partagés avec Mme B. sont très présents et j'ai du mal à me dire qu'elle nous a quittés. Sa vie n'a pas été facile : son mari est mort jeune, sa fille s'est suicidée alors qu'elle était enceinte, son fils, malade psychiatrique, a été résidant dans l'établissement et y est décédé il y a quelques années. Au cours de nos entretiens, elle m'a souvent dit avoir « tout perdu » et avoir envie de « partir » elle-même. Mais, après chaque problème de santé, elle finissait par reprendre le dessus et retrouvait de l'énergie, suffisamment pour continuer à vivre, malgré les difficultés de l'existence.

Mme B. avait quelque chose de très attachant ; était-ce cette force de vie qu'elle avait conservée, cette qualité et cette chaleur de relation qu'elle savait créer ? Toujours est-il que plusieurs soignants avaient une relation un peu privilégiée avec elle et éprouvaient du plaisir à venir bavarder quelques instants dans sa chambre. Son départ est d'autant plus douloureux que nous n'avons pas eu le temps de nous y préparer. Le plus difficile est peut-être de ne pas avoir pu dire au revoir à la personne. Je sens que je lui en veux un peu de nous avoir quittés sans nous avoir donné le moindre signe d'alerte, comme cela arrive parfois. Si le moindre doute avait existé en moi, je sais que j'aurais passé davantage de temps avec elle dans les derniers jours, je sais que je me serais attardée plus longuement avec elle la veille ; je sais que j'aurais fait le plein de son sourire si empreint d'humanité, qui, aujourd'hui encore, me revient souvent à l'esprit et me redonne de l'énergie après des journées particulièrement difficiles.

Je sais que ce jour-là un important travail m'attend pour soutenir un peu les résidants et le personnel qui étaient le plus proches de Mme B. et qui sont particulièrement affectés par son décès. Mais, auparavant, j'ai besoin de me soutenir un peu moi-même en me laissant aller à ma tristesse, en partageant encore un petit moment avec Mme B. à travers nos souvenirs communs. C'est aussi dans de telles circonstances qu'il m'est donné de ressentir plus profondément ce que le travail auprès de personnes dans le grand âge peut nous apporter, combien il nous permet parfois de vivre notre propre vie avec plus d'intensité.

J'ai envie d'aller voir une dernière fois Mme B. pour lui dire au revoir, mais pas dans l'immédiat ; j'ai besoin d'un peu de temps pour faire la transition entre l'image que j'ai gardée d'elle et la réalité présente. Je choisis donc d'aller d'abord rendre visite à deux résidantes qui étaient très proches d'elle afin de leur annoncer la triste nouvelle. Je prends le temps nécessaire pour les informer avec le plus de ménagements possible. Elles me disent qu'elles se doutaient bien qu'il se passait quelque chose, parce qu'elles avaient vu la porte fermée et qu'elles avaient entendu dire que quelqu'un était décédé. Elles pleurent, me parlent de Mme B., de ce qu'elles appréciaient chez elle. Nous évoquons ce qui est désormais devenu son souvenir pendant un long moment ; je sens qu'elles ont besoin d'en parler. Elles ne veulent pas la voir, elles veulent rester sur l'image de ce qu'elles ont partagé ensemble lorsqu'elle était en vie.

Je les quitte pour aller voir la soignante dont on m'a parlé tout à l'heure. Je la trouve en larmes, et assurant, malgré tout, son travail comme elle peut. Nous parlons un long moment. Elle exprime toute la douleur qu'elle ressent, combien c'est difficile de s'occuper de telles personnes au quotidien pendant des années et de les voir disparaître du jour au lendemain. « Je sais que je ne devrais pas m'attacher aux résidants, on me l'a dit en formation, mais je ne peux pas m'en empêcher... On partage tellement de temps avec eux, ils nous confient parfois tant de choses sur leur vie... et puis il arrive qu'ils n'aient plus que nous, alors si on peut être un peu attentionnés avec eux, leur apporter un peu de chaleur et d'affection... Bien qu'elle ne soit plus dans mon service, j'allais encore souvent parler un peu avec elle pendant ma pause. »

J'essaie de rassurer l'employée sur son investissement affectif avec les résidants : il est normal d'éprouver des émotions dans nos relations avec eux, de s'attacher à eux, à certains plus qu'à d'autres, surtout lorsqu'ils restent plusieurs années dans l'établissement, a fortiori lorsqu'on partage avec eux des moments aussi intimes que la toilette, les soins au quotidien. Nous sommes des êtres humains au service d'autres êtres humains. Ne rien ressentir ferait de nous des robots accomplissant notre travail dans la routine et effectuant des tâches déshumanisées. Alors, comme dans toute situation relationnelle difficile, il est important de pouvoir trouver une oreille attentive pour dire simplement, tout simplement, ce qui se passe : le chagrin qu'on ressent, la colère que nous éprouvons parfois, la peur que nous inspirent certaines personnes. Le moment n'est pas au discours sur l'attitude professionnelle que doit avoir chacun, sur la nécessité, mais aussi la difficulté, de trouver la « juste » distance dans sa relation avec les personnes âgées, entre froideur, indifférence et trop grand investissement affectif. Nous savons que lorsque nous travaillons dans la relation d'aide, dans le domaine du soin, chacun d'entre nous met un peu de son histoire, de ses problématiques psychologiques dans la relation qu'il va développer avec les personnes dont il s'occupe. Qui plus est, ce n'est pas des discours incantatoires et moralistes du style « Il ne faut pas s'attacher aux personnes âgées » qui sont de nature à faire évoluer les choses pour ceux qui travaillent au quotidien avec la souffrance, la solitude, la douleur et la mort.

Alors, pour l'instant, j'apporte mon soutien et mon écoute comme je peux afin que la soignante se sente prise en compte dans ce qu'elle éprouve. Elle va aller voir Mme B. et elle tient absolument à assister à ses obsèques. Je l'invite à faire effectivement ce qu'elle estime bon pour elle et je lui propose de venir me voir si elle en éprouve le besoin et l'utilité.

Je rejoins le service dans lequel était Mme B. Le personnel est en pause. L'atmosphère est grave et triste.

J'enclenche la conversation sur le décès de Mme B., car je sens des émotions sur lesquelles des mots ont besoin d'être mis. Je demande aux soignantes présentes si je peux m'asseoir et prendre un café avec elles. Les mots sortent : « On n'est pas insensibles », « C'est dur tous ces décès », « On l'aimait bien Mme B., elle était gentille », « Et puis on a notre travail à faire comme d'habitude, et aujourd'hui, c'est un peu plus dur »... Il y a, en effet, une urgence de l'action : il faut bien continuer à s'occuper des autres, ceux qui sont encore vivants. Mais nous pouvons, je dirais même nous devons, prendre le temps de nous arrêter un peu pour nous replier sur nous-mêmes si nous en éprouvons le besoin, évoquer en commun le souvenir de la personne défunte, pleurer si nécessaire. Ce jour-là, la pause du personnel se prolonge un peu : le moment est trop important, il ne peut être interrompu, les émotions ayant commencé à se dire ; cela aussi fait partie du travail, et tant pis si le ménage est un peu plus rapidement fait que d'habitude. Avec la mort d'un résidant, il y a une interruption brutale du lien qui s'était parfois tissé depuis des années. « Chaque soignant doit effectuer son propre chemin et élaborer sa propre expérience. La parole partagée avec d'autres lui permet simplement aujourd'hui de ne plus cheminer seul et en silence[1]. » Nous faisons, de façon plus ou moins informelle, ce qui est parfois appelé dans les services de soins palliatifs une réunion de deuil. Cette pratique fait partie des rituels

1. Renée Sebag-Lanoë, *Mourir accompagné*, Desclée de Brouwer, 1986.

possibles qui ont pour fonction de démontrer avec clarté la réalité de la mort, de mettre un point final à l'accompagnement et de faciliter le deuil.

C'est après ce moment un peu particulier que je me décide à aller voir Mme. B dans sa chambre pour lui faire mes adieux. Mais, lorsque j'arrive, la porte est grande ouverte, Mme B. n'est plus là. Elle a déjà été emmenée au reposoir. Le fait est que, dans les établissements, une fois morts, les résidants ne « traînent » pas dans leur chambre : ils sont, dans les premières heures, conduits au reposoir, et leur chambre est nettoyée, désinfectée.

Souvent, un ou deux jours plus tard, elle est occupée par une nouvelle personne.

Si des résidants de l'établissement, la famille, les proches, le personnel veulent voir une dernière fois le défunt dans sa chambre, il faut qu'ils se dépêchent. Alors, ce jour-là, tant pis pour moi ! Il me reste, bien sûr, la possibilité d'aller voir Mme B. au reposoir ; j'ai d'ailleurs plutôt envie de dire à la morgue, compte tenu de ce à quoi ressemble ce lieu.

« Reposoir » est un trop joli mot pour un lieu aussi froid, aussi sommairement aménagé, aussi lugubre, où il n'y a pas la moindre trace d'intimité, de chaleur, de douceur propice au recueillement, à l'accueil de la douleur des proches, à des adieux dans une ambiance respectueuse de ce qu'a été la personne. Serait-ce qu'à peine mort, on ne fait déjà plus partie des humains ? Que sont devenus les rituels de deuil de nos grands-parents et arrière-grands-parents ? Le fait de mourir de moins en moins à domicile justifie-t-il que l'on se désintéresse de ce qui suit la mort ? Aujourd'hui, les rites traditionnels de deuil sont escamotés et peu à peu vidés de leur sens, le refoulement de la peine est de mise. « Symbole d'échec, la mort apparaît comme inesthétique pour une société valorisant la beauté, la perfection physique et l'hédonisme d'où la vieillesse est rejetée[1]. » Serait-ce pour cette raison que les lieux destinés à accueillir les morts sont également inesthétiques ?

Il serait pourtant important de porter une plus grande attention à l'aménagement de ces reposoirs pour en faire de véritables lieux d'accueil. Car c'est là que vont souvent s'inscrire à tout jamais dans la mémoire les dernières images de notre proche.

C'est pour cette raison que je choisis finalement de ne pas aller voir Mme B. Le lieu me paraît indigne de la chaleur et de l'humanité qu'elle dégageait ; je n'arrive pas à accepter d'aller lui dire au revoir dans ces conditions.

J'opte donc pour une ultime visite dans sa chambre. C'est là que, à ma façon, je vais la quitter définitivement. Je regarde, pour la dernière fois, les photos installées sur sa table de nuit, je hume l'odeur des fleurs dont elle aimait tant la présence près d'elle, je fais le tour des robes que je l'ai souvent vue porter. Elle a l'air de n'être partie que pour un bref instant : le journal qu'elle lisait quotidiennement est encore là, mais aujourd'hui, c'est celui d'hier ; une lettre reçue dernièrement est posée sur la table, sa robe de chambre est encore sur le fauteuil.

Je reste un long moment, dans le silence. Un dernier regard circulaire. Je tourne les talons, sors de la chambre et ferme la porte. C'est fini.

Dire que demain ou après-demain il y aura peut-être une nouvelle personne dans cette chambre. C'est cela qui est terrible dans nos institutions : le temps n'est pas laissé au personnel pour faire le deuil des personnes disparues. Cela serait plus facile si la chambre, le lit restaient vides pendant quelques

1. Josiane Andrian, « Causes et lieux de décès des personnes âgées », in *Gérontologie et Société : La mort du vieillard : soins en fin de vie*, numéro spécial, 1995.

jours. Certes, la réaction est variable suivant les résidants. Il est des personnes avec lesquelles le lien est plus fort. Inutile de nous raconter des histoires en pensant que nous traitons tout le monde de la même façon, que nous ne faisons pas de différences. Nous fonctionnons naturellement comme tout être humain en relation avec un autre être humain. Certaines personnes nous sont plus sympathiques que d'autres, certaines ne nous attirent pas particulièrement, d'autres provoquent chez nous des réactions de rejet, de peur, sans que nous sachions forcément quelles en sont les raisons.

Il ne s'agit pas de justifier, voire de revendiquer des traitements différents selon les résidants, mais seulement de reconnaître simplement une réalité, de l'accepter afin de pouvoir ensuite en faire quelque chose, y remédier, grâce au travail en équipe qui va permettre des relais, grâce à la formation des personnels, à des groupes de parole permettant d'essayer de décoder, en présence d'un psychologue, ce qui est en train de se jouer dans la relation.

J'ai accompagné pendant plusieurs mois Mme L. qui se déplace difficilement avec des béquilles ; elle se rend encore à la salle à manger, mais, le reste du temps, ne sort guère de sa chambre. Ses facultés intellectuelles sont intactes. Elle n'a pas noué de liens solides avec d'autres résidants, elle passe beaucoup de temps à lire en disant que, lorsqu'elle est plongée dans un livre, elle « ne pense pas » ; pour elle, la vieillesse est difficile à vivre, elle me parle souvent de sa tristesse, de son désir de mourir. Elle accepte cependant de participer à un groupe de conversation que je conduis, et parle volontiers lorsque je viens la voir dans sa chambre. Elle a aménagé son espace de vie de manière un peu personnalisée avec quelques objets venant de chez elle, des plantes vertes et de nombreuses photos. Je ne connais que l'un de ses fils, mais je suis toute l'histoire de la famille de semaine en semaine. Mme L. me parle en effet volontiers de ses enfants, petits-enfants et arrière-petits-enfants ; elle me montre régulièrement les lettres et les nouvelles photos reçues, évoque fréquemment les Landes où elle a passé sa vie. Elle me parle aussi de ses lectures, me montre les derniers romans qui lui ont plu, m'en raconte un peu l'histoire, fait des liens avec sa propre histoire. Je dois dire que les rencontres avec Mme L. sont toujours pour moi d'une grande richesse.

Et puis la période de mes congés arrive.

Lorsque je reprends mon travail, j'apprends que Mme L. est décédée. Depuis, une nouvelle dame occupe sa chambre.

J'attends le lendemain pour aller voir la nouvelle résidante qui est dans la chambre qu'occupait Mme L. J'ai, en effet, pour habitude d'essayer d'aller visiter toutes les nouvelles personnes qui arrivent dans l'établissement. C'est donc ce que je fais avec Mme A. En me rendant dans sa chambre, je me mets dans l'état de disponibilité optimum qu'il m'est possible d'avoir à ce moment-là afin que mon accueil soit le meilleur possible. Je me retrouve face à Mme A. Je la salue, me présente, elle a un visage avenant. Et puis, soudain, mes yeux font le tour de la chambre. Et là, j'ai un déclic... Je revois Mme L. dans ce qui était son environnement, toutes les photos qui étaient au mur et qui ont disparu ; les plantes ne sont plus là non plus, pas plus que les livres. L'image de Mme L. dans son fauteuil se substitue à celle de Mme A. que j'ai en face de moi. Là, difficile d'être vraiment présente dans ce début de relation avec Mme A. ; j'ai l'impression que cette dernière a pris la chambre, la place de Mme L., et je sens qu'en l'instant présent, en ce lieu, je ne suis pas en mesure d'établir une relation de qualité avec elle, d'être dans une position authentique d'« accueil », des souvenirs en rapport avec le décès de Mme L. faisant interférence.

Je sens que la psy, avec sa disponibilité, son écoute flottante, sa relative distance, son métier, s'est éclipsée. Je parle sans être vraiment là ; je ne suis pas dans ce que je dis, dans ma relation avec Mme A., je ne suis plus là pour habiter mon discours, vivifier mes mots et les empreindre d'authentique humanité.

J'écourte donc un peu cette première rencontre et propose à Mme A. de la revoir prochainement dans le salon de l'établissement.

En redescendant à mon bureau, je me dis que j'ai de la chance..., la chance de pouvoir choisir le moment le plus opportun pour moi pour essayer d'établir la meilleure relation possible avec Mme A., celle qui lui permettra éventuellement de pouvoir exprimer ce qu'elle ressent si elle en éprouve le besoin, en rencontrant une oreille attentive et respectueuse. Mais qu'en est-il du personnel soignant devant assurer le quotidien, qu'en est-il de ceux et celles qui étaient là le jour de l'arrivée de Mme A. ?

Suivant le lien qu'ils avaient développé avec Mme L., étaient-ils dans la possibilité d'accueillir deux jours après son décès une nouvelle résidante ? Avaient-ils pu élaborer, comme on dit en jargon psy, leurs émotions ? Avaient-ils pu commencer à faire le deuil de Mme L. ? Certainement pas ! Ce que nous pouvons simplement espérer, dans de telles circonstances, c'est que, dans l'équipe, un ou plusieurs membres moins attachés à Mme L. aient pu assurer au mieux l'accueil et l'installation de la nouvelle résidante. Car, dans nos établissements, les exigences financières faisant loi, il n'est pas prévu de laisser une chambre ou un lit vides quelques jours afin de pouvoir commencer à faire le deuil de la personne disparue et, par conséquent, de mieux accueillir le nouveau résidant arrivant à sa place. Il ne reste pour le personnel que peu d'alternatives : établir une distance telle dans ses relations avec les résidants qu'il n'y ait aucun risque d'attachement, avec pour conséquence possible l'établissement de relations purement « techniques », centrées sur la tâche à effectuer et dépourvues de toute chaleur, voire de toute humanité ; l'autre alternative consiste à s'engager humainement auprès des résidants afin de répondre un tant soit peu à leur besoin de communication. Si cette dimension n'est pas travaillée, le risque est celui d'un investissement affectif excessif, d'un véritable matraquage psychologique dû à l'intensité de la demande relationnelle des résidants et à l'impossibilité d'y répondre, sans compter les nombreux décès, sources d'une souffrance ne pouvant être élaborée. L'épuisement professionnel guette tout agent se situant dans cette position.

Dans certains cas, nous nous attendons au décès plus ou moins proche d'un résidant, ce qui nous laisse le temps de nous y préparer et, éventuellement, de dire au revoir à la personne, à notre façon. Parfois aussi, la personne elle-même nous informe qu'elle va mourir. La personne âgée réagit alors à des signaux internes qui l'avertissent de sa mort imminente ; le soignant peut percevoir ces signaux ou être informé par le malade que le lendemain ou dans quelques jours, il ne sera plus là. Lorsque les personnes âgées en fin de vie ont la possibilité d'exprimer ce qu'elles sentent, d'intenses moments d'échanges peuvent avoir lieu.

Osons parler de la mort avec les sujets âgés qui en ont besoin, osons nous asseoir à côté d'eux pour écouter et ne plus fuir, ni éluder la question.

J'ai souvent eu l'occasion de vérifier que, lorsque la personne se sent entendue et comprise dans ce qu'elle dit à propos de sa mort, elle nous donne la possibilité de mieux l'accompagner, de l'aider à réaliser éventuellement ses derniers souhaits.

Il en a été ainsi dernièrement avec Mme M. Elle est depuis plusieurs années dans la maison, et elle est restée longtemps valide. Mais son état se dégrade soudain extrêmement rapidement. Elle me fait part de son désir, cette fois, d'en finir, de mourir ; elle « en a trop vu dans sa vie », et « maintenant, c'est assez ». Elle ne retournera plus en Corse chez l'amie qui lui est si chère et qu'elle rejoignait chaque année pour partager quelques jours avec elle. Elle voudrait bien la voir une dernière fois. Je joins l'amie pour l'informer de l'état de santé et du souhait de Mme M. Malheureusement, cette amie ne pourra pas se déplacer, mais elle téléphonera à Mme M. tous les jours, et tant que cette dernière sera encore en mesure de parler.

En l'espace de quelques jours, Mme M. passe du fauteuil au lit, duquel elle ne se relèvera pas. Je vais la voir plusieurs fois par jour ; elle est également accompagnée par le personnel qui, en fonction de sa disponibilité, vient bavarder un peu avec elle. Elle me parle régulièrement de sa mort, je l'écoute, j'échange avec elle sur ce que cela représente pour elle aujourd'hui, sur sa vie, ses souvenirs, ses bons et ses mauvais moments. Je lui demande s'il y a encore quelque chose qui pourrait lui faire plaisir, ce à quoi elle répond aussitôt et spontanément : « Oh, boire encore une fois du vrai champagne ! » Je m'engage donc à satisfaire son souhait dès que possible.

Ne travaillant qu'à mi-temps dans l'établissement, il n'est pas prévu que je revienne avant quelques jours, ce dont j'informe Mme M. Je prends cependant la précaution de demander aux surveillantes, aux infirmières et au personnel du service de faire en sorte que quelqu'un puisse aller boire le champagne avec elle. C'est ce qui se produira effectivement, car, la semaine suivante, lorsque je reviens, Mme M. ne s'exprime plus, ne bouge quasiment plus. La surveillante m'informe alors qu'elle a pu boire le champagne qu'elle désirait, avec le personnel du service qui le souhaitait. Chaque soignant ayant pu partager ce moment avec elle m'en parlera comme d'un événement très intense et chaleureux, une cérémonie des adieux vécue dans une relative sérénité par Mme M. Je sens toute la qualité de l'accompagnement et l'émotion qui sont derrière les mots qui me sont transmis et j'en suis touchée et contente pour Mme M.

Les soignantes m'informent qu'elles sentent que Mme M. a besoin de présence : lorsqu'elles lui lâchent la main, lorsqu'elles s'en vont, elle gémit. Je prends le relais plusieurs fois dans la journée, de même que les surveillantes, les animatrices, et même le directeur de l'établissement. Chacun et chacune, dans une réelle démarche de travail en équipe, de solidarité, d'accompagnement chaleureux et de profonde humanité, fait ce qu'il peut pour faciliter le « passage » de Mme M. dans « l'autre monde ». Je me dis que là où elle est déjà, et même si elle ne peut plus s'exprimer, elle ne peut pas ne pas ressentir la qualité de cet accompagnement et de l'au revoir qui lui est adressé. Tout s'est mis en œuvre spontanément, s'est coordonné naturellement, preuve que l'humanité, l'authenticité et la compassion ne se décrètent pas dans de jolis protocoles décrivant ce qu'il faut faire pour « bien faire ».

Je suis persuadée que ce qui s'est passé au cours de ces quelques jours de printemps est le résultat du travail de formation, de changement et d'accompagnement au changement mis en œuvre dans l'établissement depuis deux ans. Cette conviction ne signifie pas que jusqu'alors le personnel était dépourvu de toutes ces qualités nécessaires à un tel travail ; mais, jusqu'à la fin de vie de Mme M., je ne les avais vues s'exercer qu'individuellement, alors que dans cette occasion, il m'a été donné d'assister à un authentique et profond travail en équipe, à une chaîne humaine dont les maillons se sont emboîtés naturellement les uns aux autres, sans aucune coordination formelle et instituée, l'information ayant rarement aussi bien, aussi rapidement et efficacement fonctionné.

Mme M. nous a quittés pendant le week-end ; nous avons, certes, ressenti une profonde tristesse, mais alors que tant de décès nous donnent l'impression de ne pas avoir suffisamment bien fait notre travail, nous laissent un sentiment de frustration et de culpabilité plus ou moins avoué, nous avons pu, à ce moment-là, éprouver une grande fierté de l'accompagnement conduit auprès de Mme M. J'ai alors eu envie de transmettre au personnel mes remerciements pour ce qu'ils m'avaient permis de partager avec eux et avec Mme M., pour l'émotion que j'avais pu en ressentir et pour ce que j'avais reçu comme un véritable cadeau de l'équipe et de l'établissement.

Des moments particulièrement forts existent ainsi dans la vie d'une équipe et nous transforment un peu à chaque fois ; ce sont de tels événements qui construisent une équipe et son histoire et qui font que, certains soirs, chacun repart un peu différent chez soi, pas tout à fait comme il est arrivé le matin. À travers l'histoire de l'équipe, c'est aussi un peu l'histoire de chaque soignant qui est transformée.

Dans le quotidien de nos institutions, et face à la présence permanente et parfois désespérante de la mort, il existe aussi d'étonnantes surprises.

Il en a été ainsi avec Mme G. Cette dernière est entrée dans l'établissement à l'âge de 94 ans. Elle est d'un abord très sociable et sympathique. D'une gaieté communicative, elle aime chanter, se remet même à danser au cours des fêtes organisées dans la maison ;

elle participe activement et avec enthousiasme au groupe de conversation que je conduis toutes les semaines.

Huit mois après son arrivée, elle perd sa fille d'un cancer généralisé. Cet événement est sans doute un choc trop difficile à « encaisser ». L'état de Mme G. se dégrade progressivement et elle se plaint d'intenses douleurs au ventre. L'équipe pense à une rechute d'un cancer de l'intestin qui l'a atteinte il y a quelques années. Les médecins de l'hôpital renoncent à lui faire subir de nouveaux examens.

Après son séjour à l'hôpital, lorsqu'elle revient dans l'établissement, elle est très affaiblie et ne se lève plus. Nous pensons tous qu'elle n'en a plus pour très longtemps.

Le mercredi, avant de quitter l'établissement jusqu'à la semaine suivante, je vais rendre visite à Mme G. Très faible, ouvrant à peine les yeux, elle me dit que « cette fois, c'est la fin », qu'elle sent qu'elle va mourir, que cela ne lui fait pas peur. Elle me remercie chaleureusement de ce que j'ai fait pour elle, de mon sourire, de mon soutien ; elle me parle du groupe de conversation qu'elle a tant apprécié, de « la petite équipe que nous formions », des comptes rendus qu'elle a soigneusement rangés dans sa table de nuit et qu'elle faisait lire à sa famille lors de ses visites. Je lui dis à mon tour que j'ai été heureuse de la rencontrer, de faire un bout de chemin avec elle ; j'ai apprécié sa gaieté, sa spontanéité, sa façon, parfois, de soutenir d'autres résidants, et aussi tout ce qu'elle m'a raconté sur sa traversée du siècle.

Elle me demande alors si elle peut m'embrasser et, tout en le faisant, elle me dit : « Au revoir, et merci pour tout. » Je sens toute la gravité, la profondeur et l'intensité de ce moment. Je me retourne une dernière fois. Mme G. a fermé les yeux et respire paisiblement. Je quitte la chambre, la gorge serrée.

À qui n'a pas vécu de tels moments, il est difficile de décrire l'intensité et la diversité des émotions qui se bousculent alors. Immense tristesse de quitter une personne que l'on a appréciée et, conjointement, fierté de l'avoir accompagnée jusqu'au bout, d'avoir pu entendre ce qu'elle avait à nous dire et d'avoir pu lui exprimer ce qui était important pour nous. Satisfaction d'avoir pu « terminer » l'histoire avec cette personne dans la sérénité et l'authenticité, sans regret. Permettre à l'autre de partir tranquillement et en paix, en l'ayant autorisé à parler de sa mort et en nous étant autorisés nous-mêmes à exprimer nos sentiments et nos émotions, nous protège du regret du non-dit. Lorsque les circonstances le permettent, il me semble important de ne pas laisser partir la personne dans le déni de ce qu'elle est en train de nous dire de sa propre mort et de ce qui est important pour elle avant de mourir, et dans l'autocensure de l'expression de ce que nous ressentons.

Alors, malgré ma tristesse, j'ai le sentiment d'avoir pu faire ce travail avec Mme G., et j'en suis contente.

Le lundi suivant, comme chaque début de semaine, je vais aux nouvelles des résidants auprès du cadre infirmier ou des infirmières. Je commence, bien sûr, par demander ce qu'il en est pour Mme G. Et, comme l'équipe, je suis toute étonnée d'apprendre que Mme G. est encore en vie. Elle est toujours dans un grand état de faiblesse, mais elle est toujours là.

C'est ainsi qu'au fil des semaines, je vais retrouver Mme G. Elle reprend quelques forces, passe de nouveau quelques heures par jour dans son fauteuil. Elle retrouve peu à peu de l'énergie, sans toutefois retrouver un état qui lui permettrait de participer à nouveau aux activités. Elle me dit souvent : « Ah, j'aimerais bien retourner "chez vous" (en parlant du groupe de conversation). On a vraiment passé de bons moments, j'ai toujours les comptes rendus, mais je suis encore trop fatiguée. ».

Deux ans plus tard, Mme G. est toujours en vie ! Elle n'a certes pas retrouvé la marche, mais elle participe à certaines activités, aime toujours autant parler, me raconte des épisodes de sa vie qu'elle n'avait pas encore évoqués avec moi. Il y a quelques mois, elle a fêté ses 97 ans sur la terrasse de l'établissement, entourée de quelques résidants avec lesquels elle s'entend bien. Ce jour-là, son visage était encore rayonnant.

Que s'est-il donc passé avec Mme G. ? Au cours de mon expérience professionnelle, à plusieurs reprises, j'ai entendu des résidants parler de leur fin qu'ils sentaient proche. Jusqu'alors, les faits étaient toujours venus confirmer ce que sentaient ces personnes. Avec Mme G., nous ne pouvons que faire des hypothèses à propos des événements et des phénomènes où l'inconscient occupe une large part. J'évoquai un jour cette histoire avec une psychothérapeute qui me dit que, peut-être, Mme G., en se sentant comprise et acceptée dans ce qu'elle disait de sa fin proche, en entendant qu'elle comptait pour des personnes, avait « décidé » de vivre encore un peu. Nous n'aurons jamais la réponse, mais je repense fréquemment à tout cela lorsque j'accompagne des personnes en fin de vie, ou plutôt que l'on croit être en fin de vie.

Mais, excepté quelques cas exceptionnels comme celui de Mme G., les résidants qui nous « avertissent » d'une manière ou d'une autre de leur mort prochaine décèdent dans les jours ou les semaines qui suivent.

Par contre, d'autres partent sans crier gare. Ces départs inattendus peuvent être douloureux et difficiles, car ils nous privent de l'au revoir que nous aurions éventuellement aimé leur adresser.

Avec M. A., dans l'établissement depuis environ deux ans, suite à un accident vasculaire cérébral l'ayant laissé hémiplégique, j'avais régulièrement de longs échanges. C'était un homme assez réservé au départ, mais très chaleureux, cultivé, sensible et parfois plein d'humour. Il avait perdu sa compagne quelques années auparavant et il continuait à parler d'elle avec beaucoup d'émotion et d'amour. Sa seule famille se réduisait désormais à son fils, sa belle-fille et leurs enfants.

Il était en fauteuil roulant et osait rarement demander quelque chose, de peur de déranger le personnel ; de son accident vasculaire cérébral, il lui restait une difficulté d'élocution qui conduisait parfois son interlocuteur à lui demander de répéter ses propos. J'allais le voir régulièrement, il me disait toujours que nos rencontres lui faisaient du bien, qu'avec moi, quand il parlait, « ce n'était pas pareil », qu'il sentait que je le comprenais. Malgré cela, il mit plusieurs mois avant d'oser me dire qu'il aimerait que, de temps en temps, quelqu'un le conduise sur la terrasse de l'établissement pour fumer sa pipe au soleil. J'avais alors transmis l'information aux animateurs qui s'en occupèrent régulièrement.

M. A. était également un grand lecteur, « un de ses derniers plaisirs », disait-il. Nous parlions souvent de ses lectures, il me racontait ce qui l'avait intéressé, touché, ému, et éventuellement les souvenirs que cela avait ravivés en lui. Malgré cela, il mit beaucoup de temps à me dire qu'il avait épuisé toute la bibliothèque de l'établissement. Son fils lui apportait bien quelques livres, mais c'était insuffisant. Je commençai donc à lui en prêter quelques-uns de ma propre bibliothèque.

Il m'arrivait parfois de monter voir M. A. et de le trouver contrarié ; dans ces occasions, il n'était pas facile de savoir ce qui se passait, ses premières paroles se résumant à : « Ce n'est pas grave, demain, ça ira mieux, c'est juste un petit coup de cafard. »

Finalement, j'arrivais à savoir que l'animateur lui avait promis de venir le chercher en début d'après-midi et qu'il n'était pas venu ; ou bien qu'il n'avait pas de nouvelles de son fils, qui habituellement venait le voir une fois par semaine. Mais il n'allait pas s'en plaindre : « S'ils ne sont pas venus, c'est qu'ils sont occupés, je ne suis pas tout seul ici ; mon fils a beaucoup de travail ; il lui est peut-être arrivé quelque chose, mais je ne veux pas lui téléphoner et risquer de le déranger inutilement. »

À cette époque, je conduisais dans l'établissement un groupe de conversation qui rassemblait chaque semaine une douzaine de résidants pour parler d'un thème de la vie quotidienne autrefois : l'école dans le temps passé, les transports, la façon de se soigner, les premiers congés payés, les anciens métiers, les fêtes traditionnelles, la mode d'antan... M. A. mit beaucoup de temps à accepter d'y participer, ayant peur que sa difficulté d'élocution gêne les participants. Lorsqu'il vint, la dynamique du groupe, qui fonctionnait pourtant déjà bien, en fut modifiée, M. A. témoignant toujours de son expérience avec une grande richesse et sachant susciter l'intérêt chez les autres.

Dès qu'il était un peu fatigué, ou malade, son moral était en baisse, la crainte que ce soit la fin s'exprimait sous la forme : « Je crois que cette fois, je suis foutu. » Lorsque la fatigue l'empêchait de participer au groupe de conversation, il en éprouvait un grand regret, me disant : « J'aime bien notre petit groupe », preuve qu'il l'avait investi et que des liens privilégiés s'étaient tissés entre les participants.

Je me souviens particulièrement bien des Noëls que M. A. a passés dans l'établissement. Une dizaine de jours avant les fêtes, son humeur commençait à s'assombrir, il ne lisait presque plus ; les larmes lui venaient souvent aux yeux. Il me racontait alors les

Noëls d'antan dans sa maison, la famille qui arrivait en nombre, certains devant dormir dans le foin de la grange. Il me décrivait la joie ambiante, l'affairement devant les fourneaux, les menus de fête, les treize desserts provençaux, l'agitation qui s'emparait de toute la maison. Grâce à la précision des descriptions, à l'émotion qui se dégageait de ces souvenirs, j'avais presque l'impression de me trouver dans la famille de M. A et de partager un peu ces fêtes d'alors avec lui. J'en ressentais presque, moi aussi, quelque nostalgie.

Peu avant sa mort, M. A. me dit qu'il avait un arrière-petit-fils de quelques mois et qu'il aimerait beaucoup faire sa connaissance. Bien entendu, il ne voulait pas informer son fils de ce désir. J'ai travaillé longtemps avec lui sur ce sujet, sur l'importance parfois d'oser : oser demander, oser parler aux autres de ses désirs, de ses attentes, de ses souhaits, ce qui n'est en rien imposer, agresser l'autre avec des plaintes, des reproches, des culpabilisations, tout étant dans la forme. Je lui disais que les demandes implicites sont rarement satisfaites, l'interlocuteur ne pouvant pas deviner nos souhaits, que les désirs peuvent rarement être comblés avant même d'avoir été énoncés. Comme le dit Jacques Salomé, il est parfois important de « passer du regret, de la déception et de la frustration aux risques assumés de la réponse de l'autre ». Oser des demandes directes, c'est simplement prendre le risque de la réponse de l'autre. « Quand je suis libre de ma demande... l'autre l'est de sa réponse. La demande ouverte est une véritable proposition, une invitation, un don possible... qui ne présuppose pas la réponse de l'autre[1]. »

Mais rien n'y fit. En dernier recours, et alors qu'il me parlait encore une fois de ce désir, je proposai à

---

1. Jacques Salomé, *Pour ne plus vivre sur la planète Taire*, Albin Michel, 1997.

M. A., si cela pouvait l'aider, d'en parler moi-même à son fils, mais, après avoir longuement hésité, il refusa. Cet événement fut pour moi un peu difficile à vivre, sentant que M. A. se privait ainsi peut-être d'un de ses derniers grands plaisirs possibles ; mais sa décision lui appartenait, et je n'avais pas le droit de passer outre.

Quelques semaines plus tard, j'arrivai un lundi dans l'établissement. J'appris que M. A. était décédé au petit matin pendant le week-end, alors que rien de particulier ne le laissait prévoir. J'en ressentis une profonde tristesse, d'autant que, la semaine précédente, j'avais juste eu le temps de lui dire un petit bonjour rapide lors de mon passage dans le service, mais pas plus. Une soignante vint me voir pour me parler de M. A. et de ce qu'elle vivait à propos de son décès. Elle ne travaillait pas le jour de sa mort ; le lendemain, lorsqu'elle l'apprit, elle éprouva le besoin d'aller le voir une dernière fois et de lui exprimer sa colère qu'il ne l'ait pas attendue pour mourir. Elle me dit que ses collègues l'avaient traitée de folle d'aller ainsi parler aux morts, mais que ce qu'elle avait fait lui avait fait du bien. Je validai son acte, en lui disant qu'il était important qu'elle ait fait ce qu'elle sentait bon pour elle, qu'elle ait pu clore son histoire avec M. A. en lui exprimant ce qu'elle avait sur le cœur, qu'elle ne soit pas restée dans l'inachevé du non-dit et du ressentiment. Cet acte de bon sens, au sens propre du terme, c'est-à-dire qui contribuait à donner du sens à ce qui s'était passé, m'a beaucoup émue. Par l'acte qu'elle avait posé, cette soignante s'était montrée réceptive vis-à-vis de ce qui se passait en elle, elle avait pris soin des sentiments qui l'habitaient. Et qu'importe que M. A soit mort et ne puisse « entendre ». Dans ces actes, nous sommes dans l'ordre du symbolique, du monde énergétique et spirituel. Ce qui est important, c'est que cette soignante, dans un mouvement de profonde intelligence du cœur, ait pu s'occuper de sa colère et de sa souffrance. Comme le souligne De Broca : « Si l'endeuillé ne peut pas dire ce qu'il avait vraiment envie de dire en vérité à la personne disparue, ces non-dits vont le tourmenter, car il regrettera toujours de ne pas l'avoir dit. Dire ce qu'il n'a pas dit au défunt comme si c'était dit au défunt, sans mystification pour autant[1]. »

J'ai moi-même eu besoin, dans un mouvement similaire de « folie » aux yeux de certains, de poser un acte symbolique pour exprimer ce que je ressentais à propos de M. A. qui, pour moi, était parti comme un voleur. Cette expression, « comme un voleur », qui m'est venue spontanément, m'apparaît maintenant comme n'étant pas le fruit du hasard, mais de mon inconscient. Que m'avait donc volé M. A., de quoi m'avait-il donc privée ? De la possibilité de l'accompagner dans ses derniers instants, de lui dire au revoir, de lui dire que notre rencontre m'avait beaucoup apporté. Alors, si la soignante est allée parler au mort, moi, je lui ai écrit :

Vous êtes parti au petit matin, sans nous avoir montré le moindre signe nous indiquant que vous alliez nous quitter. Vous êtes parti comme vous avez vécu : avec toujours la crainte de déranger, la difficulté à exprimer ce que vous ressentiez. Vous m'aviez souvent dit que vous redoutiez plus que tout la solitude au dernier instant, et pourtant, vous avez choisi de partir seul, sans même avoir la force ? le désir ? le temps ? de sonner pour appeler les veilleurs de nuit. Avez-vous encore eu, une dernière fois, peur d'en demander trop, d'être trop exigeant ? Vous seul avez la réponse. Mais ce que je sais, c'est qu'en choisissant de mourir seul, vous m'avez

1. A. de Broca, *op. cit.*, p. 49.

privée de la possibilité, de la satisfaction, de vous accompagner dans vos derniers instants, de vous tenir la main pour le passage. Vous m'avez frustrée de l'au revoir que j'aurais aimé vous adresser. À cause de cela, je vous en veux, je suis en colère contre vous. Si j'avais su, je vous aurais parlé plus longuement la semaine dernière, je vous aurais dit que j'ai apprécié nos rencontres, le beau bout de chemin que nous avons fait ensemble ; vous allez me manquer.

Je vous ai souvent dit que ne pas exprimer ses souhaits, c'est, certes, ne pas s'exposer à un refus possible, mais c'est aussi se priver de la satisfaction de certains de nos désirs, se priver de moments privilégiés avec ceux et celles qu'on aime, se frustrer d'intenses moments de plaisir et d'émotion. Au bout du compte, à ne pas se dire, on n'est pas entendu ; de peur d'être seul à la suite d'un refus possible, on se retrouve effectivement seul.

Dans notre bout de relation, il me manque la fin, et je n'aime pas du tout ce sentiment d'incomplétude. Alors, je fais ce que je peux pour combler ce trou dans cette histoire.

À vouloir protéger les autres, à avoir peur de les ennuyer, de les déranger, on leur fait parfois plus de mal que de bien. J'aurais tellement préféré que vous me « dérangiez » en me montrant que vous alliez partir et en me donnant la possibilité de passer davantage de temps avec vous dans ces derniers jours de votre vie. Cette absence de fin, c'est un peu mon échec..., celui de ne pas avoir réussi à travailler suffisamment bien avec vous pour que vous osiez enfin prendre plus souvent le risque de l'expression de vos désirs. J'aurais voulu que, une fois au moins, vous preniez ce risque. Car je n'arrive pas à croire, avec ce que vous m'avez permis de connaître de vous, que votre désir le plus profond ait été de mourir seul. Mais cette croyance n'est peut-être que la projection de mon désir de vous accompagner jusqu'au bout.

Peut-être aussi est-ce une dernière leçon de vie que vous avez voulu nous donner, en nous montrant qu'il faut savoir dire aux personnes ce qu'on a envie de leur dire avant les derniers instants, ne pas attendre la fin pour exprimer ce qui est important ?

En tout état de cause, ces mots sont pour moi un moyen de vous dire quand même au revoir.

Sans doute ressembliez-vous un peu au grand-père que j'aurais aimé avoir et que je n'ai pas eu. Ce grand-père dont j'ai tant entendu dire de bien dans ma famille, mais que je n'ai pas connu parce qu'il a déserté de chez les vivants à 37 ans. À travers les évocations de son souvenir, ce que mon inconscient en a perçu et l'idéalisation que j'en ai peut-être faite, vous me sembliez avoir les mêmes qualités de sensibilité, de chaleur humaine, de culture et d'intelligence, de bonté, de délicatesse et de générosité.

Vous portiez, en outre, le prénom de Clément, qui suggère douceur, indulgence et humanité. Je ne vous ai jamais appelé Clément, je vous ai toujours dit M. A. ; mais aujourd'hui, et ce sera la fin de ma lettre, j'ai envie de vous dire tout simplement : « Au revoir, Clément, et merci d'avoir existé. »

Peut-être serez-vous étonné du long développement que j'ai consacré à M. A. Mais vous aurez compris que, à travers ce qu'il était, il m'a renvoyée à des éléments de mon histoire personnelle et a été à l'origine de phénomènes de transfert et de contre-transfert importants, comme le disent les psys[1].

1. Emprunté à la psychanalyse, le transfert désigne le « report de sentiments favorables ou hostiles effectué par l'analysant sur la personne de l'analyste et correspondant à la répétition de situations infantiles et au jeu de structures anachroniques ». Le contre-transfert, quant à lui, désigne « l'ensemble des réactions affectives

Les psys ne sont donc pas épargnés par les résonances intimes que peuvent susciter les relations avec les personnes âgées que nous côtoyons dans nos établissements. Certains résidants peuvent nous renvoyer, plus que d'autres, à des figures de notre histoire, et donc réactiver des sentiments, des émotions que nous avons pu ressentir à une époque pour ces parents ou ces proches. J'entends fréquemment, de la part des soignants, des paroles comme : « On dirait ma tante », « Il est aussi têtu que mon père », « Elle a le même caractère que ma belle-mère », « Elle ressemble à la mère que j'aurais aimé avoir », « Ah, si mon père avait été comme lui »... Les motivations de travail auprès de personnes âgées renvoient également très fortement à notre histoire. Lorsqu'elles sont explorées, des « raisons » peuvent émerger : « Je voudrais donner aux autres ce que je n'ai pas eu », « Je n'ai pas connu mes grand-parents, alors eux, ce sont un peu mes grand-parents », « Je veux me racheter de ce que je n'ai pas su faire à temps pour mes parents »...

Nous tous, personnels des établissements pour personnes âgées, sommes pris dans ces échos personnels. La seule différence entre nous, les psys, et les autres soignants, c'est que, pour peu que nous ayons quelque conscience professionnelle, nous nous donnons les moyens, grâce à une supervision, de travailler sur ce qui vient interférer dans la relation, sur les affects que telle personne suscite en nous.

Alors, on peut toujours affirmer qu'il ne faut pas s'attacher aux résidants, notre histoire et notre inconscient sont là, bien présents, et nous ne les laissons pas au vestiaire en arrivant dans l'établissement. Comme l'écrit si justement Romola Sabourin : « Au-

---

conscientes ou inconscientes de l'analyste envers son patient ». (Petit Larousse) tant dire au soignant : “Ici, vous n’avez pas le droit d’être vous-même, à part entière, dans votre dimension humaine, mais seulement le devoir de faire votre travail.” Faire sans être ? Est-il possible de bien faire sans être bien là ? En voulant, pour “bien faire”, laisser ses soucis au vestiaire, le soignant s’y laisse souvent lui-même. [...] Qui a une âme a forcément des états d’âme ; il importe de les reconnaître, subjectivement, en toute humilité, et de les assumer pour ne pas en devenir l’esclave ; les nier ne nous en préserve guère. Pour ne pas se laisser déborder par la subjectivité, il faut la prendre en compte et la gérer[1]. » Jacques Salomé exprime quelque chose de similaire lorsqu’il parle du « soi-niant » (qui nie le soi) qui a alors en face de lui un « soi-nié ».

Cela devrait nous conduire à la prise de conscience de l’importance qu’il y aurait à développer dans les établissements des groupes de parole, lieux d’expression des ressentis, des émotions, des peurs, des peines, des angoisses suscitées par la confrontation au grand âge, à la dépendance, la démence, la mort. Dire au personnel : « Faites comme si vos émotions n’existaient pas » revient à dire à tout être humain qui ressent quelque chose : « Ne ressentez pas ce que vous ressentez. »

On ne peut pas travailler de façon humaine dans une institution sans éprouver des sentiments, des émotions ; on ne peut pas accompagner au quotidien des personnes pendant des mois, voire des années, sans que notre affectivité soit présente. On ne peut pas, à la fois, demander au personnel d’être humain et chaleureux avec les résidants, et de ne pas ressentir d’émotions, ou de faire comme si elles n’existaient pas ! De même qu’on ne peut pas demander aux soi-

1. Romola Sabourin, *Les Cinq Sens dans la vie relationnelle*, Érasme, 1995, p. 11, 43.

gnants de laisser leurs problèmes personnels à la porte de l'établissement, comme je l'entends si souvent dire. Comme si notre vie sociale, familiale, affective, sexuelle, culturelle, ne faisait pas partie de nous ; comme si on pouvait se couper en rondelles et que, selon les moments, on pouvait laisser quelques rondelles au placard.

Des liens existent donc entre les résidants et le personnel. Il arrive fréquemment que les résidants se sentent isolés, terriblement seuls ; et il est vrai que leur besoin de communication est beaucoup plus important que ce qui peut leur être offert par l'ensemble des personnels. La plupart des résidants se sentent inutiles, pensent qu'ils n'apportent plus rien aux autres et qu'ils ne sont plus qu'une charge pour la société. Et pourtant... Au détour d'une conversation, d'une réunion de service, parfois entre deux portes, j'entends régulièrement du personnel évoquer d'anciens résidants de la maison décédés, et parfois depuis plusieurs années. Ils nous ont donc marqués, touchés, émus ; quelquefois, nous rions à leur évocation, dans le plus grand respect de leur mémoire, ce qui est un formidable cadeau de leur part. Je suis sûre que beaucoup d'entre eux n'auraient jamais osé croire de leur vivant que certains d'entre nous se souviendraient d'eux encore longtemps après leur mort. Et c'est pourtant la vérité... preuve que ces personnes très âgées, souvent très malades, très dépendantes, nous ont apporté quelque chose. Nous ne savons pas toujours dire quoi, mais ce qui est important, ce sont cette trace et cette mémoire que nous gardons d'eux.

J'ai, pour ma part, l'habitude de conserver, même après le départ ou le décès de la personne, les fiches que j'élabore pour le suivi de certains résidants. Et il m'arrive d'en faire le tour ; il est rare que j'aie oublié un visage ; dans ces moments, je laisse remonter les souvenirs des instants partagés... ce sont mes jours de « commémoration ». Et je me sens alors riche de toutes ces histoires et ces destins croisés. Chacun, à sa façon, m'en a appris un peu plus sur la psychologie, sur les émotions et les sentiments qui peuvent nous habiter, sur moi-même, sur l'histoire d'une époque que je n'ai pas connue, sur les remous de l'existence, sur ce qui est important dans une vie, et dans ma vie.

L'histoire d'une vie ne s'arrête pas précisément au moment de la mort. « La vraie mort, c'est l'oubli. » « Faire vivre en soi, jusqu'au bout de soi, celui ou celle que la mort vous a pris. Elle n'aura pas tout pris ainsi, et le souvenir peut être pour certains plus fort que la vie elle-même[1]. » Tant que nous existons dans le cœur de quelqu'un, que ce quelqu'un soit époux, enfant, père, mère, tante, ami, proche, aide soignante, lingère ou psychologue en maison de retraite, nous avons conquis une parcelle d'éternité.

1. Gisèle Halimi, *op. cit.*

Amour, sexe et vieillesse

Un matin, je trouve devant l'infirmerie deux résidantes en grande discussion :

Mme M. (en parlant de l'infirmier) : – C'est un con ! Il ne veut même pas me mettre de la pommade alors que j'en ai besoin ! (Mme M. demande régulièrement qu'on – et de préférence un homme – lui mette de la pommade dans l'anus où elle a mal, dit-elle ; mais elle ne souffre d'aucune pathologie à cet endroit-là !) C'est un con, et je suis sûre qu'il ne baise même plus !

Mme P. : – Qu'est-ce que vous en savez, vous, s'il baise encore ou non ? Et vous, vous baisez encore ?

– Oh mais j'en suis encore capable !

– Moi aussi, j'en suis capable, et en plus, je suis encore assez jeune ! Mais ici, il n'y a pas d'hommes !

Le lendemain, en arrivant dans l'autre établissement où je travaille, je croise M. R. :

– Bonjour, madame Badey ! Vous avez passé une bonne nuit ?

– Bonjour, monsieur R. Oui, j'ai passé une bonne nuit, merci.

– Et vous avez bien baisé ?

– Ah ça, monsieur R., ça me regarde ! Je n'ai pas à vous donner des précisions sur ma vie privée !

Vous allez peut-être vous demander où vous êtes tombé ! L'espace d'un instant, le doute vous prend. Avez-vous bien attrapé le livre que vous vouliez dans la pile qui se trouve sur votre table de nuit ? Ne seriez-vous pas tombé, par hasard, sur la transcription d'une discussion sur un de ces sites Internet on ne peut plus douteux ?

Non, il s'agit bien du début d'un chapitre de l'ouvrage que vous êtes en train de lire. Vous croyiez lire du sérieux sur les personnes âgées, et voilà que vous vous trouvez dans une édition classée X ! Ah mais non, bien sûr, les souvenirs reviennent : vous avez déjà entendu dire que les maisons de retraite sont peuplées de « vieux dégoûtants » ! C'est vrai, à force de vous parler du respect et de la dignité des personnes âgées, l'auteur vous avait « endormi ». Nous y voilà ! Nous allons enfin savoir ce qu'il se passe vraiment dans ces établissements !

Les personnes âgées ont-elles un sexe ? Quelle question ! Bien sûr, ce sont encore des hommes et des femmes, des personnes qui ont donc encore une identité sexuée. Quoique... On ne les appelle plus souvent que pépé et mémé ou papi et mamie, et c'est bien connu, les papis et mamies ne sont plus vraiment des hommes et des femmes, ils sont regardés d'abord comme des vieux : la classe d'âge à laquelle ils appartiennent prend le pas sur leur « identité de genre » (hommes ou femmes). Ils sont d'abord vieux avant d'être hommes ou femmes, alors que lorsqu'on est plus jeune, on parle d'un homme de 45 ans, d'une jeune femme. Eux, ils sont vieux, et puis c'est tout !

À partir du moment où vous vous flétrissez, les « jeunes » considèrent que la sexualité, vous n'y avez plus droit.

Si, par malheur, votre propre mère vous annonce, vers 75 ans, qu'elle va « refaire sa vie avec quelqu'un », vous la prenez pour une « cinglée » et commencez à la soupçonner de vous faire un début d'Alzheimer. « Mais enfin, Maman, ce n'est plus de ton âge ! » Qu'est-ce qui n'est plus de son âge ? De plaire encore à un homme ? De s'intéresser à autre chose qu'à ses propres enfants, à la garde de ses petits-enfants et au club de scrabble ? Ou bien... oh ! nous n'osons même pas y penser, d'avoir encore envie de faire l'amour ? Sans doute veut-elle « refaire sa vie » pour lutter contre la solitude, avoir un compagnon, mais sûrement que leur relation s'arrête à la tendresse. Bon, alors si c'est ça...

« Et les maisons de retraite ? devez-vous être en train de penser. Je croyais que l'auteur devait nous parler de la sexualité en maison de retraite, et voilà qu'elle noie le poisson en nous faisant un laïus sur notre mère ou notre grand-père en pleine conquête amoureuse. »

Eh bien, nous y voilà !

Comme le suggérait le dialogue retranscrit au début de ce chapitre, il est vrai que les manifestations de la sexualité des personnes âgées en institution sont assez fréquentes. Si les comportements sexuels de certains résidants peuvent être déviants, inadaptés, agressifs, d'autres demeurent dans le registre de la normalité. Il en est ainsi de la masturbation, lorsqu'elle se pratique dans l'espace privé qu'est la chambre, ou des relations sexuelles entre résidants, lorsqu'elles sont librement consenties par les deux partenaires et ne donnent pas lieu à de l'exhibitionnisme.

Il existe donc bien des pulsions sexuelles, y compris dans le grand âge. Et pourquoi les condamnerions-nous au nom de la sacro-sainte morale, alors que ce sont plutôt nos préjugés, notre éducation, nos valeurs religieuses qui sont en cause ? Comme le dit si bien le célèbre psychiatre Marcel Ruffo, « lutter contre la mort implique de considérer toutes les pulsions de vie », pulsions de vie dont fait partie la sexualité. Si le rapport à notre propre sexualité et à la perspective de notre propre vieillissement n'intervenait pas dans cette histoire en nous rendant les choses « impensables », « inimaginables », éprouverions-nous le besoin de railler ou de condamner des comportements jugés tout à fait normaux lorsqu'ils se produisent à moins de 75 ? 80 ? 85 ans ? C'est ici qu'interviennent déjà pour chacun d'entre nous les normes et valeurs personnelles : jusqu'à quel âge la sexualité serait-elle « normale » ? À partir de quel âge deviendrait-elle « dégoûtante » ? Dans ces lieux où la mort n'est déjà que trop présente, ne devrions-nous pas nous réjouir, lorsqu'elle existe et se manifeste, de la sexualité des personnes âgées ? Nous qui nous lamentons tant sur leur triste sort, sur l'ennui et la grisaille de leur quotidien, voilà que nous voulons également tuer une des dernières manifestations de vie !

Les tabous sont tenaces, mais, lorsque nous parlons de l'importance d'approcher la personne âgée dans sa globalité et de prendre en compte l'ensemble de ses composantes, sociales, culturelles, physiques, psychologiques, nous oublions encore souvent de dire sexuelles. Nous sommes face à un problème de société qui dépasse largement le cadre de nos institutions ; mais nous pouvons déjà, à l'échelle qui est la nôtre, témoigner d'une plus grande tolérance et d'un plus grand respect de la personne âgée considérée comme un être entier, complet, global jusqu'à la fin de sa vie. Cela signifie qu'un travail presque quotidien est à conduire pour faire reculer le tabou de la sexualité des personnes âgées.

Mme D. fait beaucoup parler d'elle dans la salle de pause du personnel. Elle se masturbe plusieurs fois par jour dans sa chambre, parle ouvertement de ses désirs, invite plusieurs soignantes à lui présenter leur mari ou leur fils en leur signifiant qu'elle en ferait bien « son affaire » ! On me demande ce qu'il faut faire. Je questionne les soignants sur la façon dont ils réagissent. L'une me dit : « Moi, quand je suis entrée dans sa chambre et que je l'ai vue, j'ai crié et je suis sortie ! » Une autre raconte qu'elle est sortie sans rien dire. Je les interroge également pour savoir ce qui est gênant pour elles dans cette situation, et si elles trouvent ce comportement gênant pour d'autres. Il apparaît rapidement que, tout se passant dans la chambre où Mme D. est seule, il n'y a rien de très problématique. Peut-être suffit-il, effectivement, de ressortir de la chambre en disant : « Je reviendrai plus tard. » En ce qui concerne les « propositions » envers les proches des soignants, une limite claire est à poser à Mme D. : elle a le droit de rêver, de fantasmer, il y a des choses qu'elle a le droit de faire et d'autres qu'elle ne peut pas faire.

Par contre, lorsque l'activité masturbatoire a lieu dans un endroit public, il est important de dire à la personne concernée que ce n'est pas le lieu pour avoir ce genre de comportement et de l'inviter à cesser ou à aller dans sa chambre.

Des manifestations de sexualité peuvent également avoir lieu au moment de la toilette. C'est ainsi qu'un matin, je suis interpellée par une soignante qui me dit qu'elle ne sait plus quoi faire : « M. R. se met à bander » lorsqu'elle vient lui faire sa toilette ; en outre, M. R. lui dit qu'il pense souvent à elle dans la journée et qu'il bande.

J'ai défini avec l'aide soignante une ligne de conduite. Il s'agissait, dans un premier temps, de dire à M. R. qu'elle était là pour des soins, qu'il avait le droit d'avoir ses rêves, ses désirs, mais qu'il n'avait pas à avoir de paroles ou de gestes déplacés. Nous avons ensuite évoqué la possibilité qu'une autre soignante (le service ne disposant pas d'hommes) s'occupe de la toilette de M. R. si les choses n'évoluaient pas.

Certaines situations, comme la toilette ou des soins particulièrement intimes, peuvent prêter à confusion auprès de résidants. Il est toujours important, lorsque l'on touche à la sphère intime des personnes, d'expliquer ce que l'on fait, d'éviter de trop grandes familiarités pouvant être vécues comme ambiguës. Autant la toilette peut être l'occasion d'un moment de relation privilégiée avec la personne âgée, autant il est important de se centrer sur des sujets de conversation banals si des comportements inadéquats apparaissent. Mais, dans quelque situation problématique que ce soit, les limites doivent être clairement posées par le soignant.

L'attitude à adopter face à une personne démente est sensiblement la même sur le fond, sauf que les conduites sont à resituer dans un contexte différent. Dans un tableau de démence, certains comportements qui auraient, dans un contexte normal, une connotation sexuelle, n'en ont pas forcément. Une personne qui se déshabille en public peut simplement signifier par là qu'elle a trop chaud, ou bien qu'elle veut aller aux toilettes (dans ces deux exemples, la personne sait encore qu'il faut se déshabiller pour répondre à ses besoins, mais elle ne sait plus précisément comment, ni où). Le sens peut également être recherché ailleurs, sans que nous comprenions forcément où. Mais nous savons que la démence peut s'accompagner d'une levée des inhibitions conduisant la personne à avoir des comportements ne rentrant plus dans le cadre des limites posées par la société. Ces résidants ne savent plus ce qu'il est autorisé de faire à tel moment et dans tel lieu. Nous pouvons donc rencontrer des déments se masturbant en public ou tentant des attouchements sur d'autres personnes.

Par contre, le problème est plus délicat, lorsque la question du consentement de l'un des partenaires se pose ; il peut y avoir, en effet, passage à l'acte de la part d'une personne en pleine possession de ses facultés mentales vis-à-vis soit d'une personne confuse, détériorée psychiquement, soit d'une personne soumise qui n'ose ni protester, ni parler.

Ainsi, M. L. s'enferme régulièrement dans les toilettes de la cafétéria avec Mme C., très affaiblie intellectuellement. Certes, nous précisons à M. L. que ce n'est pas le lieu ; nous discutons avec Mme C. pour tenter de repérer si elle évoque quelque chose dans son discours qui pourrait suggérer une éventuelle violence sexuelle.

Mais, lorsqu'il n'y a pas de plainte exprimée verbalement ou par des manifestations somatiques, que peut-on savoir du consentement de la personne, du plaisir qu'elle ressent éventuellement ? Nous ne pouvons alors nous fier qu'à notre ressenti, à notre expérience, à notre intuition, à nos observations d'équipe. Dans ce cas précis, il n'a pas semblé à l'équipe qu'il y avait agression sexuelle.

Au cours d'une réunion, l'équipe soulève le problème de M. A. qui aurait laissé sous-entendre à une soignante que son voisin de chambre exercerait sur lui des violences sexuelles au cours de la nuit. Je vais voir régulièrement M. A. pendant une longue période afin de créer une relation de confiance propice à une éventuelle libération de la parole. Petit à petit, je lui pose des questions sur la qualité de son sommeil, sur son entente avec son voisin de chambre. Je l'invite également, pour le cas où il aurait des problèmes avec d'autres résidants, à en parler. M. A. ne me parlera jamais de rien et plus personne ne notera le moindre sous-entendu.

Quant à M. B., il est suspecté par les veilleurs de

nuit de rentrer dans la chambre d'une résidante atteinte de la maladie d'Alzheimer et d'avoir des rapports sexuels avec elle. Mais, dans ce cas aussi, personne n'aura jamais de preuve certaine.

Lorsqu'il y a suspicion de violence sexuelle et que cette agression est avérée, il va de soi que tout doit être mis en œuvre pour protéger la personne en situation de victime.

Lorsque aucune preuve ne peut être faite, nous ne pouvons que renforcer l'observation et le suivi de la victime potentielle, afin de noter d'éventuelles modifications dans son comportement, d'attraper au vol quelque parole méritant d'être décodée.

Nous nous trouvons parfois également dans des situations où il y a consentement de la part des deux personnes, mais où la violence n'est pas exclue pour autant. Ainsi M. D., 67 ans, a sa chambre juste à côté de celle de Mme M., 89 ans. M.D., ancien éthylique, est sous curatelle, mais fait tout ce qu'il peut pour la faire lever afin de quitter l'établissement et de prendre un appartement meublé. Le médecin psychiatre de l'établissement et sa curatrice formulent un avis défavorable sur ce projet.

M. D. et Mme M. passent beaucoup de temps ensemble et sont fréquemment dans la chambre l'un de l'autre. Lorsque je vois M. D., par ailleurs personnage très pervers et manipulateur, il me parle de Mme M. en me disant qu'elle est un peu comme sa mère. Mais la soignante de l'étage est alertée par des paroles de Mme M. qui, en outre, présente certains jours des bleus aux bras. D'après cet agent, M. D. et Mme M. auraient des rapports sexuels, quelque peu contraints et forcés pour Mme M. Je vais, à plusieurs reprises, voir Mme M. et M. D. afin de tenter de cerner la situation. Devant les questions directes que je lui pose, Mme M. me dit qu'effectivement M. D. aimerait bien aller plus loin : il cherche à l'embrasser, il lui demande parfois de s'allonger sur le lit et la caresse, mais elle est claire avec lui, lui dit qu'elle « ne veut pas de ça et qu'elle n'en a plus l'âge ». Elle me dit également qu'il respecte ses désirs et s'arrête donc lorsqu'elle le lui demande sans exercer de pression ou de violence sur elle. Quant à M. D., il continue à me dire que Mme M. est un peu comme sa mère, qu'il ne lui fait donc rien, mais qu'elle recherche de la tendresse et de l'affection qu'elle n'obtient pas de ses propres enfants.

J'apprends cependant qu'il s'intéresse à son compte en banque. Mme M. me dit même un jour qu'il a formulé le projet de louer une maison avec elle. Compte tenu de la situation et de l'affaiblissement intellectuel de Mme M., une demande de mise sous tutelle est alors effectuée pour cette dernière.

M. D., après sa tentative d'utilisation de Mme M. pour atteindre ses objectifs, prend ses distances... sans les prendre. Par moments, il repousse Mme M., qui, maintenant, est très accrochée à lui ; d'autres fois, il recherche sa compagnie. Mme M. est de plus en plus perturbée et confuse et tient maintenant des propos souvent incohérents. N'étant plus en situation de rester dans le service des personnes valides, et dans l'objectif de l'éloigner de l'influence de M. D., elle est changée de chambre, mais garde, bien entendu, la possibilité de voir celui-ci quand elle le désire. En outre, elle me dit qu'elle envisage de se marier avec lui, qu'elle sait que « les gens » disent qu'ils ont une trop grande différence d'âge, mais que, pour elle, cela n'a pas d'importance. M. D. continue à être toujours aussi pervers et manipulateur avec « sa compagne ». Un jour, je l'entends lui dire qu'il va quitter définitivement l'établissement, car il a enfin trouvé un appartement meublé. Mme M. s'appuie sur son épaule et pleure. Je demande alors à voir M. D., essaie de lui remettre les pendules à l'heure quant à l'utilisation qu'il fait de Mme M. ; la surveillante use de sa fonction d'autorité pour faire la même chose.

Il est cependant délicat d'aller plus loin dans les décisions à prendre. Aurait-il fallu séparer M. D. et Mme M. plus tôt ? Malgré la relation perverse qui s'était établie entre eux, je ne le pense pas, car Mme M. refusait totalement cette hypothèse. Elle semblait trouver, envers et contre tout, dans cette relation, une réponse à son immense besoin d'affection. Elle était en recherche constante du contact physique avec M. D., contact dont elle semblait avoir un besoin insatiable. Nous n'avons, en outre, pas la certitude qu'il y ait eu, un jour, violence physique. La seule protection que nous ayons pu donc mettre en œuvre a été la mise sous tutelle et le suivi rapproché de chacun des partenaires par mes soins et par l'équipe.

Les situations vécues sur le terrain sont beaucoup plus complexes que ce que l'on peut imaginer, et tous les guides relationnels édités pour donner les règles de bonne conduite dans les situations problématiques ne nous sont pas d'une grande utilité. Le travail est toujours à faire au cas par cas, les problèmes doivent être traités en équipe, l'observation permanente et les entretiens doivent nous guider dans les décisions à prendre. Mais les limites entre, d'une part, le respect des personnes et de leurs choix, dignité, droits et libertés et, d'autre part, la protection des résidants sont parfois bien délicates à déterminer. Jusqu'où avons-nous le droit d'intervenir ? À partir de quand avons-nous le devoir d'agir ?

En gérontologie, les problèmes éthiques sont présents quasiment au quotidien. Le problème de l'intimité doit être posé de façon globale : respectons-nous l'intimité des personnes au moment de la toilette ? Frappons-nous avant d'entrer dans une chambre ? Avons-nous des comportements respectant l'existence d'un espace propre et d'un « jardin secret » chez les personnes que nous accueillons ? Lorsqu'un résidant a des comportements inadaptés en public (exhibition, masturbation par exemple) et que nous le renvoyons dans sa chambre, est-on si sûr que cela que cette dernière soit réellement un lieu d'intimité ? Car, si tout le monde peut pénétrer dans la chambre en permanence sans prévenir, les toilettes, même proches d'un lieu public comme la cafétéria – pour reprendre un exemple évoqué précédemment –, qui peuvent être fermées à clé, sont un lieu plus « sûr » et plus intime que la chambre. Je me souviens des portes des chambres d'un établissement, pourtant rénové assez récemment, où j'ai travaillé : elles étaient toutes équipées d'une petite vitre centrale afin de faciliter la surveillance. Suite à diverses réunions où la question de l'intimité avait été abordée, il fut décidé d'obturer ces lucarnes avec de l'adhésif. Quelques mois plus tard, l'adhésif avait été arraché par le personnel sur une grande partie des portes.

Plus ou moins inconsciemment, et plus ou moins fortement, les positionnements institutionnels et les pratiques individuelles peuvent avoir une incidence indirecte sur la sexualité des résidants. Il m'arrive ainsi d'entendre des plaisanteries quelque peu grivoises, voire graveleuses, non dénuées d'ambiguïté, entre un résidant et un agent de l'établissement. J'entends même parfois des soignants interroger des résidants sur leurs pratiques sexuelles et ironiser là-dessus... La sexualité des personnes âgées ne peut pas ne pas interroger notre propre sexualité.

Revenons à la question de départ : les personnes âgées ont-elles un sexe ? Je pense que les curieux auront la réponse ! Mais peut-être sera-t-il plus clair également que les résidants témoignant de pulsions sexuelles encore vivaces ne sont pas forcément de « vieux dégoûtants ». Peut-être sera-t-il plus clair qu'il y a des articulations complexes à saisir, selon les cas, entre sexualité et démence, ou bien entre sexualité et affectivité.

L'amour aussi est présent en maison de retraite, soit chez de vieux couples, soit chez des couples se formant dans l'institution, ou encore dans le vécu du « désamour ».

Bien que les statistiques nous montrent que peu de couples résistent à l'épreuve du temps, le vieux rêve de l'amour éternel qui traverse, intact, les années est toujours très présent. Il ne s'agit pas que d'un rêve, car de tels couples existent réellement, même s'ils ne sont pas nombreux, mais j'en ai rencontré !

Un couple, M. et Mme A., arrive dans l'établissement. Ils sont tous deux âgés de 90 ans. Le personnel remarque rapidement leur proximité, leur attachement mutuel, la tendresse et la délicatesse qui les lient encore. Ils ne se quittent pas de la journée, se donnent la main en permanence, ont fréquemment des gestes affectueux et d'attention l'un pour l'autre. Le soir aussi, les soignants ont dû rapprocher leurs deux lits afin qu'ils puissent s'endormir main dans la main.

Mais Mme A. fait un accident cardiaque et doit être hospitalisée d'urgence. Son mari l'accompagne jusqu'à l'ambulance en lui tenant la main et en lui caressant le visage. Mme A. décède le lendemain. Les enfants décident, de concert, de ne pas en informer immédiatement leur père. Pendant trois jours, c'est le silence complet. Le personnel a la consigne de ne rien dire, et ne dit donc rien. La famille ne veut pas qu'il sache, et ne dit rien. M. A. ne pose pas de question sur l'état de santé de sa femme. Habituellement, lors de l'hospitalisation d'un proche, il y a de la parole sur l'état de santé de la personne âgée, soit de la part de la famille, soit de la part du personnel. Des paroles toutes simples comme : « On fait passer des examens à votre femme, nous en saurons davantage d'ici quelques jours », « Maman va bien, elle est un peu fatiguée, mais nous sommes optimistes », « Votre femme ne va pas bien », « Tu sais, pour l'instant, les médecins ne peuvent pas trop se prononcer », « Ne vous faites pas trop de souci, nous vous tenons au courant »... Des paroles qui donnent de la réalité et de la vérité à l'hospitalisation. Là, pas un mot au sujet de Mme A. Il y a de quoi jeter le trouble et semer le doute, y compris dans la tête d'une personne parfois assez confuse comme l'est M. A. Certes, ce dernier ne pose pas de question, mais peut-être craint-il de savoir vraiment ? En tout cas, dès le surlendemain du décès, le corps de M. A. commence à parler à sa place : il est fatigué, il vomit. J'essaie de le faire parler sur ses doutes et ses interrogations éventuelles ; lorsque je m'adresse à lui, il me répond de façon à peu près cohérente... jusqu'à ce que je lui demande s'il a des nouvelles de sa femme : il rentre alors dans un discours très confus et incohérent. Je suis convaincue que cela n'est pas un hasard, d'autant que cette situation se reproduira plusieurs fois jusqu'à ce qu'il soit mis au courant de la vérité. Dans les jours qui suivent, l'état de M. A. s'aggrave rapidement. Sa fille m'appelle au sujet de l'attitude à tenir auprès de son père. Faut-il lui dire ? Quand et comment ? Nous échangeons un long moment et j'explique que, pour plusieurs soignants, il est clair que M. A. « sait », au moins inconsciemment, même s'il n'en parle pas. Je lui dis combien il me semble important de « valider » ce que devine vraisemblablement son père, de lui dire la vérité qui sera, certes, très difficile, mais sûrement pas moins que le doute et le silence susceptibles, de surcroît, d'être vécus comme une sorte de trahison de la part des enfants. La fille de M. A. prend conscience que ce qu'elle-même et ses frères voulaient éviter – la dégradation de l'état de leur père dû au choc de la mort de son épouse – est, finalement, tout de même arrivé. Elle décide donc de dire la vérité à son père lors de sa prochaine visite.

Mais, le jour suivant, l'état de M. A continue à se dégrader. La colère me prend lorsque j'apprends qu'il a été changé de chambre le matin même : la chambre à deux lits qu'il occupait avec sa femme devait être libérée pour l'entrée d'une nouvelle résidante prévue l'après-midi. M. A. a donc été transféré dans une chambre à un lit avant l'annonce même de la disparition de sa compagne. Comment peut-on lui dire aussi ouvertement à travers cette action, sans lui dire par des paroles, qu'il s'est passé quelque chose dont il n'a pas été informé ? Nous savons bien que ce qui est structurant pour un être humain qui est, avant tout, un être de communication, ce sont les mots. Poser de tels actes sans les accompagner des mots qui expliquent, qui donnent du sens, me semble inhumain. Que s'est-il passé ? Un défaut de coordination entre différents services de l'établissement ? Un impératif de gestion qui devient tellement impératif qu'il faut à tout prix occuper un lit vide dans les plus brefs délais ? Je n'aurai pas la réponse ce jour-là, le cadre infirmier étant absent. Mais je sais, dès mon arrivée, que cela va me rendre la tâche encore plus difficile : je n'ai pas le droit (en tout cas, c'est ce que je pense) d'aller à l'encontre des souhaits de la famille ni de me substituer à elle, alors qu'elle ne me l'a pas demandé, pour un acte aussi chargé émotionnellement que l'annonce du décès d'un proche ; et en même temps, il me faut montrer à M. A. que je comprends sa détresse, son inquiétude, ce qu'il vit dans l'instant. Certes, l'établissement n'est pas le seul responsable de ce qui me paraît être inadmissible : la famille, en tardant à dire la vérité, a « bloqué un lit » plusieurs jours. Mais, en tout état de cause, si les établissements sont contraints, pour tenir leur budget, à de telles pratiques, que devons-nous penser des politiques qui nous contraignent dans des budgets tellement serrés que, non seulement, nous ne pouvons assurer la qualité de vie dont tout le monde se gargarise, mais que, de plus, nous n'avons pas les moyens d'être simplement humains, que ce soit auprès des résidants ou auprès des familles ?

Je me rends donc dans la nouvelle chambre de M. A.

Bien qu'il soit très encombré et qu'il ait de la difficulté à parler, il continue à comprendre ce que nous lui disons et parvient à parler un peu. Il nous dit qu'il a envie de nous quitter. Pour la première fois depuis cinq jours, il me parle de sa femme en me disant : « Ma femme est à la maison. » Je lui demande où est la maison, j'essaie d'aller jusqu'au bout de ce qu'il est capable d'exprimer. Je lui demande s'il a envie de rejoindre son épouse, ce à quoi il me répond « Oui », et je lui dis alors qu'il en aura la possibilité très bientôt, que je comprends ce souhait. Je lui rappelle que cette dernière est partie à l'hôpital il y a quelques jours, qu'il l'a accompagnée jusqu'à l'ambulance en lui tenant la main ; je lui dis qu'il va avoir la visite de sa fille dans la journée et qu'elle va lui donner des informations plus précises. J'ai le ferme sentiment que nous nous sommes compris.

Dans la matinée, les infirmières essaient de lui mettre l'oxygène, mais il s'arrache les tubes.

Pendant toute la matinée, je vais à plusieurs reprises passer un moment avec M. A., dont le visage a déjà le masque de la mort.

Ses enfants arrivent en début d'après-midi et lui parlent enfin de la mort de sa femme.

Mais M. A. a vraiment décidé d'accompagner son épouse jusqu'au bout et nous quitte le lendemain.

J'ai choisi de raconter assez précisément l'histoire de ce couple, parce qu'elle a touché et ému de nombreuses personnes parmi le personnel.

Certes, pour les couples très proches que j'ai pu évoquer dans différents chapitres, nous ne savons pas grand-chose de leur vie. Ont-ils toujours été aussi proches ? Ont-ils traversé des crises ? Est-ce la grande vieillesse, les difficultés et les pertes qui l'accompagnent, l'univers qui se rétrécie progressivement qui conduisent certains couples à se rapprocher avec l'âge, à tenir de plus en plus l'un à l'autre ? Personne ne peut le dire. Mais l'essentiel est peut-être simplement dans le fait qu'ils nous renvoient une image d'espoir quant au possible devenir d'un couple dans le grand âge. Il est plutôt rassurant de voir que certaines personnes peuvent vivre jusqu'au bout accompagnées de leur conjoint. Nous en voyons tellement qui terminent leur vie dans une extrême solitude que cela nous fait du bien d'avoir la preuve concrète et bien vivante que nous pouvons aussi avoir la chance de la terminer accompagnés de façon très proche.

Il est également des couples qui expriment moins ouvertement leur amour, leur tendresse, leur proximité dans la vie quotidienne, mais qui les manifestent très fortement lors de la disparition de leur conjoint. M. D. a perdu son épouse qui vivait avec lui dans l'établissement, pendant que j'étais arrêtée assez longuement pour des raisons médicales. Lorsque je reprends mon travail, j'apprends donc que Mme D. est décédée un mois plus tôt. M. D. me parle alors de la douleur qui a été la sienne et, pour la première fois, évoque de façon plus détaillée son histoire avec sa femme. Il me dit que cela commence à aller mieux, mais qu'il a pleuré en permanence pendant quinze jours. Il exprime le regret que je n'aie pas été là à ce moment difficile pour lui. « Je n'arrêtais pas de pleurer. C'est dur quand on a vécu si longtemps ensemble. J'y pensais en permanence, et je pleurais comme une Madeleine. Plus de soixante ans de vie commune... Vous vous rendez compte ? » Oui, je crois que je me rends compte à quel point cela doit être difficile et douloureux..., tellement difficile que M. D. décédera quelques mois plus tard.

Je dois dire que dans le cas de couples restés très proches, je n'ai pas l'expérience d'une longue période de survie du conjoint restant après la disparition de son époux ou de son épouse, lorsque ce décès survient dans la grande vieillesse.

J'ai cependant reçu des témoignages d'hommes et de femmes veufs qui ont réussi à surmonter l'épreuve.

Il en est ainsi de Mme A. qui, depuis son arrivée dans l'établissement, se montre très ouverte, communicative, et fait preuve de beaucoup d'humour, ce pour quoi elle est très appréciée par de nombreux résidants et par le personnel. Dans ces lieux où la tristesse, la dureté de la fin de vie et la douleur sont si présentes, les personnes capables d'apporter de la gaieté, des sourires et des rires offrent à la collectivité quelque chose d'inestimable. C'est la vie, simple et légère, pleine de fantaisie, de drôlerie, voire primesautière, qui refait son apparition pour quelques instants. Dans nos établissements plus que partout ailleurs, cela n'a pas de prix. Et pourtant, Mme A. a aussi ses coups durs, ses douleurs derrière elle et encore avec elle. De temps en temps, au milieu d'une de nos conversations, je l'entends soudain parler de son mari : « Et mon Riri, il est mort... Il était tellement gentil, mon Riri... Depuis qu'il est mort, plus rien n'est pareil. » D'autres fois, je la trouve assise au salon, bien pensive. Lorsque je lui fais remarquer, elle me dit : « Je pense à mon Riri. Je me rappelle les bons souvenirs, et ça me fait du bien... », puis sa conversation dévie sur autre chose.

Il existe aussi, bien sûr, le revers de la médaille.

À côté de ces couples qui, dans ce qui nous en est présenté et montré, semblent être des couples « modèles », il y a ceux qui ne s'entendent plus ou ne se sont jamais entendus. Parfois également, les comptes attendent le grand âge pour se régler. Il ne faut pas oublier qu'à l'époque de la jeunesse des personnes que nous accueillons aujourd'hui dans nos établissements, nombre de mariages étaient quelque peu contraints et forcés : soit qu'ils aient été arrangés par la famille, soit que la jeune fille se soit retrouvée enceinte, soit que le mariage ait été un moyen de fuir l'excessive autorité parentale. Parfois, c'est tout simplement l'usure provoquée par les années de vie commune qui a eu raison de l'amour, même si les conjoints sont restés ensemble.

M. V. me parle ainsi de sa relation avec son épouse (également résidante dans la maison de retraite, mais dans une autre chambre que lui, puisque tel a été leur souhait) : « Au bout d'un moment, ce n'est plus pareil, ce n'est plus de l'amour ; à la limite, et dans le meilleur des cas, ça devient de la tendresse. Il faut apprendre à accepter les défauts de l'autre. Vous savez, avec ma femme, j'en ai vu. Elle n'avait pas un bon caractère, elle était très autoritaire. Il fallait que je fasse tout ce qu'elle me demandait. Notre vie n'a pas été facile. »

Quant à Mme M. : « Vous savez, mon mari, il m'en a fait voir ; il était joueur, il dépensait tout l'argent du ménage, et il ne nous restait plus rien pour vivre, il fallait que je me débrouille comme je pouvais. En plus, il était coureur. Mais je suis restée pour les enfants parce qu'ils adoraient leur père. Et puis, vous savez, à l'époque, c'était pas bien vu de se séparer de son mari. C'est peut-être pas bien de dire ça, mais quand il est mort, j'ai été soulagée, je me suis sentie libérée. »

Mme R., elle, me déclare un jour : « Dans quelques jours, cela fera cinquante-cinq ans que je me suis mariée. C'est long quand on ne s'aime pas ! »

Mme V. fait presque comme si elle n'avait jamais été mariée, bien qu'elle l'ait été deux fois. Lorsque je la questionne un peu plus précisément, elle me dit : « Oh, j'ai pris le premier venu pour partir de chez moi parce que mon père était trop autoritaire et que je n'avais jamais le droit de sortir ; et un jour, j'ai appris que j'avais des cornes tellement grandes qu'elles ne seraient même pas passées sous l'Arc de triomphe ! Tout le monde était au courant, mais moi, je n'avais jamais rien vu ! Alors on s'est séparés. » À propos de son second mari, elle dit simplement : « Il était bien gentil. »

Certaines personnes ont une vision du mariage plus « utilitaire », tout au moins a posteriori. M. L., qui vient de perdre sa femme, est accompagné aux obsèques par sa fille. Devant la tombe de sa femme, ses seules paroles sont : « J'ai perdu une bonne cuisinière », puis, la cérémonie pas encore terminée, il demande à sa fille de le raccompagner à la maison de retraite : « Allez, il faut qu'on y aille, je vais rater l'heure du repas. »

Nous n'avons pas, bien sûr, à porter de jugement de valeur sur ces parcours de vie, ces histoires revisitées dans la vieillesse, peut-être réaménagées par la mémoire. Nous sommes seulement les témoins de ces épisodes de la vie d'un couple. Mais, une fois encore, ces histoires et les émotions, les manifestations de sympathie ou d'antipathie qu'elles suscitent en nous, nous renvoient inévitablement à nous-mêmes, à notre propre vie, à ce que nous choisissons de faire de notre couple et de notre famille. Un jour ou l'autre, la question est là, bien présente : « Et moi, dans vingt ans, dans trente ans, qu'est-ce que je pourrai dire de mon couple, de mes amours ? Qu'est-ce qui fait que je suis encore avec la personne avec laquelle je vis ? Est-ce l'amour, ou autre chose ? Ai-je raison de prendre les décisions que je prends, de faire les choix que je fais ? »

La séduction peut également être présente dans la relation. Certains hommes savent bien en user : plaisanteries délicates, compliments adressés au personnel, mots doux, confidences peuvent ne pas porter à conséquence si les soignantes n'en « rajoutent » pas et se contentent de recevoir gentiment ces marques de reconnaissance qui prouvent au résidant qu'il est encore homme et qui témoignent aux soignantes concernées qu'elles sont bien encore perçues comme des femmes méritant d'être regardées, voire désirées. Mais, s'il existe quelque frustration ou quelque problématique personnelle identitaire et sexuelle chez un membre du personnel, il peut y avoir dérapage : la personne va alors surenchérir sur ce qui était dit sur le ton de l'humour ; elle va, à son tour, faire des compliments, et même parfois laisser entendre que le résidant est encore un homme séduisant. Suivant le ton, le contexte dans lequel cela se passe, et même si la soignante pensait ne pas être trop impliquée dans ce qu'elle disait, elle peut ouvrir une brèche et provoquer une méprise d'intention qui risque d'être à l'origine d'un plus grand investissement affectif de la part du résidant.

Nous n'avons souvent qu'une conscience insuffisante de la frustration engendrée par un placement en maison de retraite, de la solitude affective, sensuelle et sexuelle de la plupart de nos résidants. Il leur suffit donc de peu pour se mettre à imaginer, rêver, fantasmer, s'illusionner, et peut-être parfois pour passer à l'acte en pensant qu'il y a partage des sentiments.

C'est parfois avec les meilleures intentions du monde que le personnel agit. Je me souviens de cette employée travaillant à la lingerie et qui avait une tante résidant dans l'établissement. En portant le linge dans les chambres, elle avait, bien sûr, des contacts avec les personnes âgées. Elle voyait ainsi régulièrement M. A. avec qui elle parlait volontiers. Ce monsieur avait une fille avec laquelle il disait ne pas s'entendre beaucoup et se présentait donc comme assez isolé.

Un jour que je lui rendais visite, M. A. me parla des sentiments qu'il éprouvait pour une employée de l'établissement ; elle était mariée, disait-il, mais il l'aimait et pensait qu'un jour peut-être elle divorcerait et qu'ils pourraient se marier. Il me dit qu'il pensait à elle en permanence. Il me raconta aussi qu'un jour, il était allé chez elle, et il me montra la photo d'elle et de sa fille qu'elle lui avait donnée.

Allant à la recherche de renseignements, j'appris par des soignants qu'il passait sa journée devant l'issue de secours qui avait vue sur la lingerie pour guetter ses moindres gestes.

J'en discutai avec l'employée concernée. Elle fut ébahie d'apprendre tout ce qu'avait investi M. A. sur elle, car il ne lui en avait jamais parlé. Elle me raconta qu'effectivement, un dimanche, il y avait de cela plusieurs mois, elle avait invité sa tante chez elle ; elle avait également proposé à M. A de venir déjeuner, pensant que cela le sortirait un peu de sa solitude. Puis, comme il lui parlait très souvent de sa famille et de sa petite fille qu'il avait trouvée très mignonne, elle lui avait apporté une photo qu'il pourrait mettre dans sa chambre.

Après notre discussion, lorsqu'elle retourna voir M. A., elle mit les choses au clair avec lui, en lui expliquant quelles avaient été ses intentions lorsqu'elle s'était un peu occupée de lui.

Après cette mise au point, M. A. manifesta des

tendances suicidaires. Il fut pris en charge par le psychiatre de l'établissement et moi-même. Son état dépressif s'améliora par la suite.

Cette histoire n'est pas la seule que je pourrais raconter du même genre. Nous ne pouvons nous imaginer combien certaines personnes âgées, à partir de quelques événements ou paroles en apparence insignifiants, peuvent investir affectivement une personne de leur choix. Ces risques n'existent d'ailleurs pas uniquement entre hommes et femmes, et l'investissement n'a pas forcément une connotation sexuelle. Une résidante avait ainsi demandé à une jeune fille employée dans la maison sur un poste d'« accompagnante », dans le cadre du dispositif Emplois Jeunes mis en place par Martine Aubry, de l'appeler Mamie, « comme si j'étais votre grand-mère ». Cette dernière avait accepté d'autant plus facilement qu'elle considérait recevoir bien peu d'affection de ses propres parents et qu'elle avait à peine connu ses grands-parents. Elle eut beaucoup de difficultés à comprendre les risques que pouvait comporter une telle relation.

Peut-être certains lecteurs, sans doute bien d'accord avec moi en ce qui concerne les relations marquées sur le plan sexuel, s'étonneront-ils de ma position sur des relations du type grand-parent-petit-enfant, en pensant que cela ne porte pas à conséquence, bien au contraire. Dans le cadre des actions intergénérationnelles mises en place parfois dans les établissements ou les clubs de troisième âge, il est vrai qu'une « adoption mutuelle » peut avoir lieu entre une personne âgée et une personne plus jeune, mais la grande différence est que le jeune n'a pas le statut d'employé dans la structure. Tout salarié travaillant auprès des personnes âgées doit être vigilant sur la distance relative à garder, même s'il doit témoigner de la chaleur et de l'humanité. Lorsqu'il met la main dans l'engrenage de la relation affective, il ne sait pas où cela va s'arrêter, certaines personnes âgées étant des « boulimiques » d'affection qui en demandent toujours plus. Jusqu'où l'employé est-il prêt à donner ? Qu'en est-il de l'état psychique du résidant ? Qu'adviendra-t-il s'il devient plus dépendant ? Quels sont les enjeux pour lui-même, compte tenu de son histoire personnelle ? On ne peut se dispenser de poser ces questions. En outre, une relation privilégiée entre un résidant et un employé n'est pas sans conséquence sur les autres résidants : nombre de personnes âgées, dans un isolement affectif excessif, vivent très mal, et avec jalousie, l'intérêt particulier manifesté à une autre personne.

L'accompagnement des résidants en maison de retraite dure des mois ou des années, et nous avons à travailler sur cette durée.

Est-il encore besoin de montrer que le travail en gérontologie est d'une très grande complexité ? Et nous n'avons pourtant ni les moyens en personnel ni le temps de travailler individuellement sur chaque cas. La plupart des établissements ne disposent même pas encore des services d'un psychologue. La gérontologie reste un parent pauvre de l'action sociale et médico-sociale.

Pour clore ce chapitre sur la sexualité et l'amour, je terminerai sur une note optimiste qui rassurera éventuellement ceux et celles qui n'auraient pas encore rencontré, y compris à un âge assez avancé, le grand amour de leur vie. C'est l'histoire de Mme V.B., âgée de 80 ans, dans l'établissement depuis longtemps. Elle est en fauteuil roulant, elle ne parle presque plus et elle est en voie de « grabatisation ». Mais un nouveau résidant arrive dans la maison de retraite. C'est un grand séducteur qui fait diverses « conquêtes » au sein de l'établissement, dont celle de Mme V.B. Cette dernière se remet progressivement à marcher, parle davantage, retrouve une « nouvelle jeunesse » (enfin, n'exagérons rien, tout est relatif !). Elle me dit même : « J'ai été mariée deux fois, mais je n'ai jamais été amoureuse comme ça ! » M. I. et Mme V. B. vivent toujours leur histoire d'amour ponctuée de moult disputes, séparations et réconciliations, bref une histoire de couple qui ressemble à beaucoup d'autres.

Cadre infirmier : une profession à risques

« Chercher à connaître n'est souvent qu'apprendre à douter. »

Ce matin, j'ai décidé d'arriver tôt pour voir l'équipe de nuit et assister aux transmissions avec les infirmières et les équipes du matin. La maison est encore calme et j'assiste au réveil progressif de l'ensemble de la maison.

Les difficultés commencent de bonne heure. Il manque une aide soignante dans un étage et un agent de service dans un autre. Elles me téléphonent vers 7 heures, l'une pour me dire qu'elle est malade, l'autre pour m'informer de la forte fièvre de son fils qui la contraint à rester à la maison. Je dois donc me plonger dans les plannings pour essayer de rééquilibrer les effectifs. Mais deux équipes, aujourd'hui encore, vont devoir tourner « en réduit », selon l'expression consacrée. Ce genre de situation est assez fréquent. Lorsque je suis informée la veille des absences ou arrêts maladie, je peux essayer de trouver quelqu'un qui accepte de nous dépanner et d'assurer le remplacement. Mais le matin même, c'est particulièrement difficile à gérer. Avec le temps, on finit par s'y faire, à devenir expert en jonglage « ès planning ». Cela n'empêche pas que toutes ces croix sur un tableau me sortent parfois par les yeux. Un planning, bien que élaboré à l'avance, n'est jamais définitif, il faut sans cesse le réadapter.

À cette heure matinale, si certains résidants sont déjà naturellement réveillés, d'autres vont avoir leur sommeil interrompu par le personnel qui doit commencer les toilettes. C'est le quotidien de la vie en institution, et je n'ai pas trouvé de solution pour remédier de façon satisfaisante à cette absence de respect du rythme de vie des personnes.

7 h 45. Les bruits deviennent plus nombreux, les mouvements dans la maison s'accélèrent, le petit déjeuner va bientôt être servi.

Je profite de ce moment de calme relatif et de plus grande disponibilité intellectuelle pour avancer sur des dossiers qui demandent davantage de concentration.

Depuis quelques années, nous sommes, nous cadres infirmiers, de plus en plus submergés par la paperasserie.

Je suis dans l'élaboration du budget pharmacie que le directeur m'a demandé d'essayer de réduire, car il a atteint la zone rouge dans les derniers mois. Mais, que voulez-vous : les résidants sont de plus en plus dépendants, on a eu davantage de pansements à faire, davantage de produits courants à utiliser.

Il y a aussi tous ces importants projets en cours : la fameuse démarche qualité qui nécessite « traçabilité » (le mot à la mode !) et écrits en tous genres pour prouver qu'on a bien fait tout ce qui était à faire. On nous l'a bien dit : à l'avenir, tout ce qui ne sera pas noté sera considéré comme non fait. Ainsi, si la douche donnée à telle personne n'est pas inscrite, on considère qu'elle n'a pas eu de douche. Faudra-t-il aussi noter qu'on a bien dit bonjour à telle personne, qu'on a passé cinq minutes à parler avec elle, bien qu'il n'y ait pas eu d'objectif de soin relationnel noté dans le dossier de soin ? Je sais, vous allez penser que je suis caricaturale, que cette démarche a du bon, qu'elle est peut-être nécessaire pour améliorer le service rendu aux résidants. Mais on risque de « techniciser » (excusez-moi pour le gros mot !) tout ce que nous faisons et d'oublier que l'humain ne se met pas toujours en fiche.

Tiens, justement, à propos de technique, je me plonge avec stupeur dans un nouveau texte réglementaire qui faisait partie de la pile « à lire » sur mon bureau. Je crois rêver ! Il s'agit des nouvelles normes européennes concernant les dimensions des barrières de lit. Vous me croirez si vous voulez, mais tout a été calculé : la distance moyenne entre deux barres par rapport à la dimension moyenne de la tête d'un Européen, afin d'avoir le moins de risques possible que la personne reste la tête coincée entre les barres ! Il va donc falloir vérifier toutes nos barrières de lit pour savoir si nous sommes dans les normes ! Ce document a au moins le mérite de me faire sourire un peu.

J'en suis là lorsqu'on frappe à ma porte : c'est une aide soignante qui vient me demander des gants à usage unique ; quelques minutes plus tard, une infirmière arrive pour évoquer avec moi un problème un peu délicat avec un résidant.

Comme toutes ces tâches m'ont conduite à 9 h 15, je décide d'aller faire un tour dans les services. J'attache une grande importance à ma présence sur le terrain, même si c'est loin d'être facile, compte tenu de l'ensemble des problèmes que nous avons aujourd'hui à traiter. Mais il y a des choses que l'on ne voit, que l'on ne comprend et auxquelles on ne peut éventuellement chercher des solutions que si l'on est dans l'action, et près des gens. Pour jouer son rôle de cadre, il faut, au moins de temps en temps, être là où les problèmes se posent. Agent en retard à son travail, ménage pas suffisamment bien fait, difficulté avec un résidant qualifié d'agressif, famille en colère dans un couloir, personnel qui a chapardé de la nourriture destinée aux résidants pour en faire son repas familial du soir, rumeur non fondée qui circule et qui doit être rectifiée, conflit dans une équipe, pression, voire menaces de la part d'anciennes aides soignantes vis-à-vis de la nouvelle qui fait trop bien son travail... C'est tout cela qui doit être traité... mais pas seulement ! Il faut aussi penser à féliciter le personnel pour du travail bien fait, à le valoriser. C'est parfois également du soutien, individuel ou collectif, qui est à faire dans des périodes particulièrement difficiles, de fatigue, de découragement. Dire un mot à chacune, demander des nouvelles du mari malade, écouter les récriminations permanentes de celle-ci, aller s'enquérir de l'adaptation de celle-là qui travaille depuis peu dans la maison. Il est même des jours où il m'est arrivé de devoir aider à faire les lits à cause d'un manque trop important de personnel.

Aujourd'hui, lorsque j'arrive au deuxième, le personnel est encore en pause, alors qu'il aurait dû reprendre le travail à 9 heures. Je sais qu'ils sont fatigués, que le travail est dur, qu'ils ont besoin de se retrouver entre eux pour parler, du travail ou d'autre chose, mais je ne peux pas laisser passer de tels débordements sans rien dire. Je leur fait donc remarquer qu'ils devraient avoir repris depuis un quart d'heure. Je reçois alors l'agressivité d'une personne qui me dit qu'ils en ont assez d'être en effectif réduit, qu'ils n'en peuvent plus et que d'ailleurs ils se sont arrêtés plus tard que prévu.

Toute la difficulté vient de ce rôle d'interface que nous jouons entre la direction et le personnel. Auprès du personnel, nous devons jouer notre rôle d'encadrement, tenir la barre, faire respecter des règles, faire assurer le bon fonctionnement de l'établissement, expliquer la politique de la maison, les difficultés de gestion. Auprès de la direction, nous devons témoigner des difficultés vécues au quotidien, de la plus grande dépendance des résidants, des besoins du personnel, de l'exigence croissante des familles.

À peine de retour dans mon bureau, je suis appelée par l'agent administratif responsable des entrées. Mme V. rentrera après-demain dans l'établissement. Nous avons en effet un lit vide. Mais, pour tenir compte des chambres individuelles, des chambres doubles, des places d'hommes et de femmes, du degré de dépendance des résidants et de leur évolution, des compatibilités et incompatibilités d'humeur, des désirs des familles, des demandes régulières des résidants et des familles concernant un changement pour des raisons diverses, je vais devoir changer une résidante de chambre afin de pouvoir placer Mme V. Je sais bien qu'un résidant devrait conserver la même chambre durant son séjour dans l'établissement, que c'est une condition fondamentale pour qu'il ait quelque chance de s'approprier les lieux. C'est une bien jolie exigence que je partage évidemment. Le hic, c'est que cela signifierait que nous ayons régulièrement des lits inoccupés, car il n'est pas évident de tenir compte de l'ensemble des paramètres évoqués, et lorsqu'une personne quitte l'établissement ou décède, l'organisation de certains lieux doit être remise en cause. Ces exigences de gestion pourront surprendre, voire choquer un lecteur non averti des réalités institutionnelles d'aujourd'hui. Mais les directeurs ne peuvent plus se permettre d'avoir un « taux d'occupation » trop faible, qui risquerait de mettre en péril le budget sur lequel ils se sont engagés. Et s'ils ne tiennent pas leur budget, les tutelles, qui par ailleurs souscrivent totalement à la Charte des droits et libertés des personnes âgées dépendantes en institution, sont là pour leur rappeler les dures réalités financières. Lorsqu'il s'agit de discours et de vœux pieux, nous sommes tous d'accord. Lorsque les conditions minimum de respect des personnes âgées doivent se traduire en chiffres et en finances, les problèmes et les désaccords apparaissent.

Je vais donc devoir faire changer une résidante de chambre. Après mûre réflexion avec ma collègue, nous décidons que ce sera Mme B., qui semble s'adapter assez facilement partout, qui n'a pas particulièrement personnalisé sa chambre et qui n'est pas trop désorientée. Il reste à voir Mme B. afin de savoir si elle est d'accord (ouf, nous avons de la chance, elle accepte !) et à organiser son déménagement et l'accueil de la nouvelle résidante.

La chasse aux lits vides devient notre préoccupation permanente. Nous sommes, en effet, dans un département où certaines zones sont « surdotées » en nombre d'établissements, ce qui a pour conséquence une forte concurrence et la difficulté de « remplissage » de nos maisons. D'autres départements ont plus de chance : ils ont de longues listes d'attente de personnes souhaitant une place en maison de retraite. Cela laisse une marge de manœuvre un peu plus importante.

Un problème chassant l'autre, cette question à peine traitée, quelqu'un frappe énergiquement à ma porte. C'est la fille de Mme T., apparemment très en colère.

– Écoutez, ce n'est plus possible dans cette maison ! Il y a une semaine, j'ai apporté deux combinaisons neuves à ma mère. Eh bien, personne ne les retrouve ! Elles ont disparu ! Il y a quinze jours, c'est une écharpe qui lui a été volée par une autre résidante qui l'a coupée en deux. Vous pourriez faire attention aux gens que vous prenez dans cette maison ; il y a trop de personnes folles ou démentes, ce n'est pas possible !

– Je comprends votre colère, nous allons essayer de faire ce qu'il faut.

Et voilà que j'essaie de remonter le circuit des combinaisons. Quel agent était présent ce jour-là ? Qui les a prises ? Ont-elles été données immédiatement à la lingerie pour être marquées au nom de la dame ? Etc. Cela dure un quart d'heure, mais je n'ai toujours pas de réponse quant au devenir des deux combinaisons. Je promets donc à la fille de continuer à m'en occuper dans les plus brefs délais et m'engage à la tenir au courant.

Le linge est un problème important dans nombre de maisons de retraite : linge perdu, abîmé, voire dérobé. C'est notre lot quotidien.

Après la fille de Mme T., j'ai au téléphone le fils de M. B., qui s'inquiète pour son père qui se plaint de maux de ventre. Je l'informe qu'il a vu le médecin hier, qu'il a un traitement dont il faut attendre les effets, mais ce monsieur exige que son père revoie le médecin le jour même.

Et comme le téléphone ne sonne jamais qu'une fois, je traite ensuite avec le responsable d'un organisme de formation à propos d'une session qui va être mise en place dans l'établissement pour le personnel soignant, puis avec le représentant d'un laboratoire pharmaceutique. C'est ensuite l'heure de mon rendez-vous avec une aide soignante qui a posé sa candidature dans l'établissement. Nous avons des difficultés à recruter des aides soignants : il en manque dans la région et, de surcroît, il n'y en a qu'une minorité qui a envie de travailler en gérontologie.

Il est 12 h 30. Aujourd'hui, c'est du luxe : je peux prendre ma demi-heure à peu près tranquillement pour déjeuner. Je profite cependant de ce moment pour parler avec la psychologue de deux résidants qui semblent déprimer.

Quant à l'après-midi, je sais déjà qu'il est bien rempli. Je commence par une heure de réunion avec l'équipe infirmière. Puis, avec le directeur, nous sommes convoqués à la gendarmerie ; en effet, hier, un résidant est tombé dans les escaliers avec son fauteuil roulant ; il est malheureusement décédé et le médecin de l'hôpital a refusé de signer le certificat de décès avant d'avoir des précisions sur les circonstances de l'accident. Il ne faut pas les attacher, ça ne se fait pas, et je suis bien d'accord ! Mais s'ils tombent, nous sommes responsables ! Alors, que faire ? Nous nous retrouvons de plus en plus souvent dans des situations de ce genre, génératrices pour l'ensemble des personnels de peur de la responsabilité et de culpabilité. On ose de moins en moins laisser aux résidants une part de risque, parce que cette part de risque est décuplée pour nous, soignants et responsables des établissements.

De nos jours, il fait de moins en moins bon être cadre infirmier : des responsabilités de plus en plus importantes, qui peuvent vous conduire du jour au lendemain à une mise en garde à vue, de plus en plus de stress pour faire fonctionner les établissements dans des conditions de plus en plus difficiles et avec des moyens insuffisants, et un salaire pas franchement motivant. Tiens, hier encore, le directeur m'a convoquée pour me dire que l'on avait déjà trop dépensé sur le budget personnel prévu et qu'il faudrait envisager de ne plus remplacer systématiquement les agents absents.

Pour être franche, les jours comme aujourd'hui où les problèmes s'accumulent, il m'arrive de me dire : « Vivement la retraite ! » Lorsque je rencontre mes collègues cadres, j'entends partout le même ras-le-bol ! Je ne sais pas comment ça va évoluer, mais il va bien falloir qu'il se passe quelque chose.

16 h 45. Je vais rentrer chez moi, la journée a déjà été longue. Heureusement que j'ai la capacité, une fois partie, de « couper » et de me ressourcer dans des activités qui me plaisent. Mais il y a des soirs où je suis trop fatiguée pour faire quoi que ce soit. Et certaines nuits, des problèmes continuent à tourner dans ma tête. Je cherche des solutions, comment faire au mieux pour tout le monde : les résidants, les familles, le personnel. Même si je trouve encore des gratifications dans mon métier, je ne peux nier le fait que c'est de plus en plus difficile. Ce sentiment partagé par nombre de mes collègues m'inquiète. Il existe une réelle crise dans l'ensemble des professions soignantes. Et encore, moi, si je regarde un peu en arrière, nous avons réussi, dans l'établissement où je suis, à progresser dans un grand nombre de directions. Cela nous a demandé beaucoup d'énergie, mais nous en éprouvons une certaine satisfaction. Ce n'est pas le cas partout. Alors, finalement, pourquoi ne pas finir la journée en me faisant quelques compliments ? Ça fait du bien de temps en temps ! Et nous, cadres, si nous ne nous valorisons pas nous-mêmes, il n'y a pas grand monde pour le faire à notre place !

À travers la narration de cette journée condensée d'un cadre infirmier, j'ai voulu témoigner de la difficulté qu'il y a à faire fonctionner une institution comme une maison de retraite, même si c'est un établissement moins important en taille qu'un hôpital. Le fait que les résidants accueillis soient là pour une durée assez longue, et pour continuer, du mieux possible, leur vie, rend l'accompagnement complexe et les exigences des personnes âgées et de leur famille plus importantes. L'organisation est toujours à remettre en cause, les problèmes sont quotidiens, et rien n'est jamais acquis.

On parle souvent du stress des soignants en général, mais rarement du stress des cadres qui est aussi bien réel. Les directeurs aussi ont de plus en plus de difficultés. Une directrice me disait l'autre jour : « Avant, on exerçait notre métier avec plaisir, même si nous étions régulièrement confrontés à des problèmes et à la solitude du directeur. Mais maintenant, c'est la tension permanente qui prédomine. » De nombreux directeurs disent avoir besoin régulièrement de prendre des anxiolytiques... Le monde médical n'échappe pas au mal du siècle (après le mal de dos) : l'anxiété et la dépression. La solitude, qui est le propre des cadres, rend l'exercice de cette fonction encore plus délicat. De la même façon qu'il existe des groupes de parole pour les soignants, peut-être aurions-nous à réfléchir à la mise en place de tels dispositifs pour les cadres, avec des collègues d'autres établissements ?

En tout état de cause, il serait peut-être temps que nos politiques se préoccupent enfin vraiment des causes du problème du stress des personnels de santé en général et pas uniquement de ses effets en termes de dépenses de santé. Mais il s'agit là d'un autre débat, beaucoup plus large.

Une journée très ordinaire d'une psychologue en maison de retraite

« J'écris dans l'espérance de découvrir quelques phrases qui soient assez claires et honnêtes pour briller autant qu'une petite feuille d'arbre vernie par la lumière et brossée par le vent. »

Christian Bobin, *La Présence pure.*

C'est en général avec plaisir que s'ouvrent les journées où je dois me rendre dans la maison de retraite où je travaille. J'ai la chance d'avoir choisi un métier que j'aime et que j'exerce à temps partiel. Je sais que c'est une chance parce que travailler à plein temps dans un lieu où la maladie, la dépendance, la démence et la mort sont présentes en permanence est très dévoreur d'énergie.

Sur le trajet qui me conduit de mon domicile à la maison de retraite, je me replonge dans l'établissement en pensant aux résidants que j'ai prévu d'aller voir, aux réunions auxquelles je vais assister, aux problèmes individuels, d'équipe ou institutionnels posés par le personnel ; en général, lorsque j'arrive, j'ai à peu près en tête mon programme de la journée. Mais rarement les choses se passent telles que je les avais prévues et programmées ! C'est aussi cela la richesse et la diversité de mon métier !

Suivant les jours, mon travail ne commence pas au même endroit ! C'est parfois en passant devant le village qui est juste un peu avant la maison de retraite que démarre ma journée : tel résidant, descendu acheter son journal et me voyant passer en voiture, me fait un signe – aujourd'hui, il est un peu fatigué et aimerait bien que je le remonte en voiture ; c'est aussi un peu l'occasion de parler en dehors des locaux de l'établissement, comme si je croisais quelqu'un que je connais dans la rue et que je lui propose mes services. Cela peut paraître curieux, mais les relations s'en trouvent parfois quelque peu modifiées ; nous sommes alors davantage sur un pied d'égalité ; le résidant se retrouve, pour quelques instants, comme monsieur ou madame tout le monde allant faire ses courses, avec des relations sociales de voisinage, citoyen à part entière.

Lorsqu'il a franchi le portail de l'établissement, même s'il reste citoyen, individu à part entière, un nouveau statut s'accroche à sa personne, celui de résidant en maison de retraite, sous la responsabilité, au moins partielle, de l'établissement, ce qui le rend dépendant des contraintes de la vie collective et ce qui laisse supposer qu'il n'est sûrement plus tout à fait capable de s'assumer tout seul. Lui et moi ne sommes plus tout à fait pareils ; les places respectives ont un peu changé. Comme quoi, tout ce qui se passe en dehors de l'institution peut être porteur d'ouverture, de liberté et de dignité, et donc représenter un encouragement à sortir des murs, comme le disaient des psychiatres au moment du développement de la politique de secteur.

À compter du moment où je franchis la porte vitrée qui ouvre sur le hall d'entrée, j'ai le choix entre deux solutions : rejoindre mon bureau le plus rapidement possible en lançant à la cantonade un « Bonjour, messieurs dames » général, ou bien saluer individuellement chaque personne présente, passer à l'infirmerie m'enquérir de l'état de santé de certains résidants, aller à l'administration prendre les éventuels messages, m'arrêter quelques minutes dans la salle de pause du personnel. Il est également des jours où je n'ai pas le choix : je suis happée à peine entrée. Bien que commençant à travailler à 9 heures, il m'arrive de n'atteindre mon bureau qu'aux alentours de 10 heures ! Dès mes premières minutes de présence, j'ai déjà des choix de priorités à faire : vais-je répondre immédiatement à Mme M. ou bien attendra-t-elle un peu ? Et l'intervention que l'infirmière me demande de faire auprès de M. P. est-elle plus urgente que la visite que j'avais prévu de faire ce matin à Mme O. ? Dois-je donner la priorité aux deux nouvelles résidantes arrivées que me signale le bureau des entrées, ou dois-je d'abord aller voir Mme N. qui semble très pressée de me rencontrer ? Et que fais-je avec cette aide soignante qui commence à évoquer avec moi les problèmes qu'elle rencontre avec Mme S. ?

Les psychologues en institution font finalement partie des gens du cirque : à la fois jongleurs, équilibristes, dompteurs de mauvaises humeurs, magiciens. Mais heureusement, il est des jours plus calmes que d'autres !

Aujourd'hui, sous l'olivier qui jouxte l'entrée, je trouve M. L. plongé dans son journal de mots mêlés. Jusqu'à il y a quelques semaines, je lui parlais assez rarement. Il est âgé d'une soixantaine d'années et il est entré dans l'établissement en raison de son éthylisme chronique qui a fini par lui causer de graves problèmes de santé. Il s'est bien adapté à la vie dans l'établissement et ne pose aucun problème ; il s'est fait quelques amis parmi les résidants, parle et plaisante volontiers avec le personnel qui a du plaisir à échanger avec lui. Apparemment, il n'est pas trop perturbé par le fait de vivre au milieu de personnes pour la plupart beaucoup plus âgées que lui. Mais un jour, il m'a dit qu'il souhaitait me voir lorsque j'aurais un petit moment à lui consacrer. Le lendemain, je lui rendis visite dans sa chambre, après sa sieste. Il me fit alors part de l'angoisse qui, depuis quelque temps, l'étreignait régulièrement. Il sentait son estomac noué, avait du mal à respirer et n'était pas bien du tout. Après avoir travaillé avec lui sur les moments où ses angoisses apparaissaient, sur les images, les sons ou les perceptions qui survenaient à ces instants précis, il lui apparut que c'était toujours l'après-midi, quand il était dans le jardin, que ce mal-être se faisait ressentir. Les souvenirs de ses années passées en pension affluèrent alors. Il se souvenait des dimanches dans la cour du collège : presque tous ses camarades avaient leur mère qui venait les chercher pour la journée. Lui restait toujours au pensionnat. Le dimanche soir, les autres revenaient avec leur petite motte de beurre pour la semaine... et lui n'en avait pas. Sa mère était décédée lorsqu'il avait 9 ans. Il se souvient de la période qu'elle a passée à l'hôpital comme si c'était hier. Avec son frère, à midi, ils allaient manger à l'hôpital, et le soir, ils y dormaient. Ils étaient tous les deux dans une grande pièce où il y avait de grands voilages aux fenêtres. Son frère et lui avaient très peur et se cachaient sous les couvertures pour s'endormir. Un jour, en rentrant de l'école, le voisin les accompagna dans la maison où ils trouvèrent leur mère morte.

Il me dit aussi que lorsqu'il était dans le jardin l'après-midi et qu'il voyait des familles de résidants franchir le portillon, alors que lui, personne ne venait jamais le voir, c'étaient ces images d'enfance qui lui revenaient avec douleur. La collectivité qu'était la maison de retraite avait fait remonter à la surface cet épisode douloureux de sa vie. Je le vis assez régulièrement durant cette période, puis ses angoisses s'atténuèrent très nettement. Mais je sus que, désormais, il serait important que je prenne régulièrement le temps d'aller lui parler. Jusqu'à ce moment où il était venu me solliciter, j'étais passée un peu à côté de lui et de sa souffrance. Il en est sûrement ainsi pour de nombreuses autres personnes : celles qui ne posent pas de problème et donnent le change en semblant aller bien n'attirent pas notre attention. Ce n'est pas du désintérêt pour ces personnes que nous manifestons, mais le temps manque. Nous savons pertinemment que tous ceux qui sont ici ont un immense besoin de relation et de communication, mais que nous ne pouvons y répondre. Nous travaillons sur les problèmes au fur et à mesure qu'ils se posent et gérons davantage les urgences que nous ne faisons de la réelle qualité de vie et d'accompagnement de l'ensemble des résidants.

Ce matin donc, je vais dire quelques mots à M. L. Je sais désormais que, même si je ne passe que quelques minutes avec lui, ce geste symbolique est d'une grande importance.

Je passe ensuite par le médical, où les infirmières font leur pause café. Je m'assois avec elles, ce qui est l'occasion, aujourd'hui, de nous transmettre quelques informations. Nous parlons de Mme N., malade mentale de longue date, qui vient de perdre sa mère. La sœur de Mme N. a décidé de faire incinérer sa mère et elle tente, depuis, de nous faire prendre une décision à sa place quant au devenir des cendres. La discussion dévie alors sur des souvenirs personnels liés à des décès vécus dans notre entourage, sur les souhaits de chacune de nous après notre mort : inhumation, incinération, cendres dispersées ou rassemblées à un endroit où les nôtres pourraient aller se recueillir. Discussion bien macabre pour un café du matin, penserez-vous sans doute ! Le café est peut-être plus digeste pour le personnel d'un grand magasin, d'une usine, d'une start-up quelconque. Mais le sujet, tout en étant grave, est abordé de façon détendue ; nous en plaisantons même. Dans des lieux aussi marqués par les grandes questions que soulèvent la vie et la mort, l'humour joue parfois un rôle important : nous tournons en dérision certaines situations, nous rions de nous-mêmes, des autres aussi, ce qui est une façon de contenir, surmonter (métaboliser, élaborer, comme nous autres psys disons) l'angoisse. Le rire est un moyen parmi d'autres qui nous aide parfois à clarifier nos propres ressentis et à ajuster notre attitude face à la peur, l'angoisse, la souffrance éprouvée au contact des résidants. Approcher le vécu de l'autre sans s'y confondre, s'y perdre, et être humain tout en étant efficace nécessite d'être d'abord centré sur soi et attentif à ce que l'on ressent. Il n'est pas toujours nécessaire d'être grave et sérieux pour être attentif à soi-même et à ses propres émotions. L'essentiel est parfois dans la simple expression, quelle qu'en soit la forme. Je ne suis pas de ceux qui disent : « On ne plaisante pas avec ces choses-là. » Nous pouvons plaisanter de tout, à partir du moment où cela nous permet de tenir le coup, d'exercer notre métier plus humainement, plus sereinement, sans nous épuiser moralement pour autant.

J'évoque également le cas de Mme G. avec les infirmières. Cette dernière, âgée de 95 ans et résidante depuis plusieurs années dans notre établissement, a fait, un mois plus tôt, un arrêt cardiaque. Après avoir été réanimée dans l'établissement, elle a été adressée aux urgences de l'hôpital, dans le coma. L'infirmière qui l'a réanimée a été tourmentée pendant plusieurs jours par cet événement : avait-elle bien fait en ramenant à la vie Mme G. ? Dans quel état reviendrait-elle ? Le pronostic était sombre.

Mme G., de retour dans notre établissement, et contre toute attente, remonte la pente à une vitesse étonnante. La semaine dernière, une étudiante en psychologie actuellement en stage dans l'établissement a recueilli ces belles paroles de Mme G. évoquant son accident cardiaque : « Je me suis sentie partir. J'ai senti que j'avais le choix. Et puis j'ai senti un brin d'amour autour de moi, et j'ai eu envie de rester et de vivre encore un peu. »

L'infirmière qui a réanimé Mme G. étant présente ce matin, il m'a paru important de lui rapporter ces paroles qui, pour moi, témoignent une nouvelle fois de la puissance de l'inconscient, de la volonté, de l'esprit – peu importe comment nous choisissons de l'appeler – sur le corps.

Le café terminé avec les infirmières, je traverse à nouveau le hall pour rejoindre mon bureau. Je suis arrêtée par une personne en fauteuil roulant qui me demande de l'aider à rejoindre sa chambre. Un peu pressée d'aller à mon bureau, je m'aperçois que je pousse le fauteuil roulant à une vitesse excessive. Me revient alors à l'esprit le petit exercice que je propose parfois dans les sessions de formation que j'anime épisodiquement : chaque participant, assis à tour de rôle dans un fauteuil roulant, se fait conduire par un partenaire ; la prise de conscience de la rapidité du rythme que nous faisons subir aux personnes âgées et de l'insécurité que cela peut engendrer est quasi systématique. Nous avons tous, sans le savoir, inventé le F.G.V. (fauteuil grande vitesse), qui permet de se rendre, en un temps record, à la destination voulue ! Je ralentis alors mon pas. Il me faut, chaque jour, un peu de temps pour prendre le rythme propre au grand âge et me caler sur cette lenteur spécifique aux dernières années de la vie. Mais c'est également une excellente leçon anti-stress que j'apprends progressivement à utiliser dans d'autres circonstances.

Je passe dans mon bureau, le temps de déposer mes affaires, et je descends rendre visite à Mme G.

En chemin, je croise quelques résidants à qui je dis bonjour. Je suis une des rares employées de l'établissement (hormis les personnels administratifs) qui ne porte pas de tenue médicale. Mes vêtements représentent, en eux-mêmes, une stimulation pour les résidants qui ne voient plus que du blanc ! Je reçois ainsi toujours des remarques – qui sont toujours des compliments ! – sur ma tenue vestimentaire : « Oh, le bleu vous va bien ! », « Vous êtes très élégante ! », « Qu'est-ce que votre pull est joli ! »... Mesdames, si vous avez des doutes sur votre apparence, vous à qui votre mari ne fait pas assez de compliments sur votre tenue, allez travailler en maison de retraite ! Cela peut être une excellente cure de revalorisation de l'image de soi si vous en avez besoin ! Cette petite anecdote témoigne du monde hors du monde qu'est la maison de retraite. Voir quelqu'un habillé en civil s'arrêter près de vous et vous adresser quelques mots est déjà un événement extraordinaire !

Mme G. m'accueille avec sa phrase rituelle lorsqu'elle me voit : « Ah, je suis contente que vous me rendiez visite ! » Elle est encore très fatiguée, mais me parle volontiers. Elle me répète sans cesse qu'elle est contente d'être revenue. « Vous savez, je vous ai souvent dit que je n'étais pas chez moi ici, mais je me sens quand même un peu plus chez moi qu'à l'hôpital. Je fais des efforts pour m'en sortir, parce que je n'ai pas envie de finir dans mon lit. Souvent, lorsqu'elles font ma toilette le matin, elles veulent me tourner parce que mes côtes me font encore mal, mais je leur dis que je veux essayer de le faire moi-même. Tout ce que je sens que je peux peut-être faire seule, j'essaie de le faire, même si c'est difficile au début. » Bel exemple de courage et de volonté que je remarque d'autant que nous sommes très fréquemment confrontés à une situation inverse : les personnes qui ne veulent plus rien faire elles-mêmes alors qu'elles en seraient encore capables, et qui se laissent complètement aller.

Mme G. me dit souvent que je suis la seule personne ici qui la fasse rire. Et elle ajoute : « Vous m'avez dit un jour que vous aimiez bien mon rire, alors je vous le donne. » Lorsque je lui annonce que je vais la quitter, elle me redis, comme la plupart du temps : « Eh bien, grâce à votre visite, je vais passer une bonne journée ! »

Il est 10 h 20. Je vais préparer les documents dont j'ai besoin pour la réunion de direction que nous avons dans dix minutes. En chemin vers la salle de réunion, je croise une aide soignante qui était en arrêt maladie depuis quinze jours ; je lui demande de ses nouvelles. Je vais être un peu en retard, mais je sens que ce qu'elle est en train de me dire, là, entre deux portes, est important. Elle me parle de sa situation personnelle, particulièrement difficile à vivre en ce moment, et me demande quelques conseils. De nombreux membres du personnel ont ainsi parfois besoin de parler. Ce qui est évoqué dans mon bureau, mais plus souvent dans les couloirs, entre deux portes, dans les salles de transmission, peut renvoyer directement à des situations de travail difficiles à vivre, soit avec les résidants, soit avec les collègues. Mais aussi, et de plus en plus souvent, sont évoquées des questions personnelles : un divorce en cours, un problème avec les enfants, la maladie ou le décès d'un proche et la souffrance que cela occasionne, le retour à la mémoire de situations vécues pendant l'enfance, la maltraitance, la difficulté de vivre seul, le retour de deuils anciens non terminés. Au début, je me suis demandé si je devais prendre en compte ces dimensions personnelles dans le cadre de mon travail, et puis ma réponse à cette question a été positive et validée par l'équipe de direction de l'établissement. Justement parce que pouvoir s'alléger un peu de ses problèmes personnels peut permettre d'être un peu plus et un peu mieux présent avec les résidants. Et aussi parce que nous faisons l'hypothèse que le contexte de travail accentue, voire met à jour, de façon plus consciente, les difficultés de l'existence.

Ce matin-là, je prends donc quelques minutes pour parler avec l'aide soignante qui m'apostrophe, en lui disant que nous pourrons nous revoir plus longuement si elle le souhaite.

10 h 40. La réunion de l'équipe de direction commence.

J'ai la chance de travailler dans un établissement où le directeur a une conception participative de la direction. Outre les réunions de service, existent donc, dans cette maison de retraite, des réunions de direction qui rassemblent le directeur, les cadres infirmiers, les cadres administratifs et moi-même, voire le chef de cuisine, la responsable de la lingerie et la responsable de l'animation. En ce qui me concerne, j'interviens pour donner des avis, témoigner de ce que je sens du climat de la maison, des problèmes rencontrés sur le terrain par les uns ou les autres, faire des propositions en matière de communication interne. Je dis souvent que je suis le « nez » de la maison de retraite. N'ayant pas de fonction hiérarchique, n'occupant pas un temps plein, il m'est plus facile d'être à l'écoute avec une distance un peu plus grande. Ces réunions me permettent également de mieux comprendre la dynamique institutionnelle, de mieux articuler problématiques personnelle et institutionnelle et, lorsque cela me semble possible, d'apporter ma petite contribution au changement engagé dans l'établissement. Mais cet accompagnement au changement demande énormément de temps, d'énergie, d'investissement, car les résistances sont importantes, les pesanteurs institutionnelles difficiles à faire bouger. L'ouvrage doit être sans cesse remis en chantier, pour des évolutions extrêmement lentes. Le travail dans les établissements pour personnes âgées est difficile pour tout le monde : les cadres infirmiers sont à l'interface de la direction, de la gestion et des réalités de terrain, ce qui est une position bien inconfortable par les temps qui courent. Les directeurs doivent gérer la pénurie et la plus grande dépendance des résidants avec des moyens décroissants ou constants ; de surcroît, on leur demande de faire de la qualité et, surtout, de n'avoir aucun problème, que ce soit au niveau des résidants et des familles ou au niveau de l'hygiène et de la sécurité. Je rencontre de plus en plus de directeurs fatigués, découragés, et qui n'ont plus qu'une seule préoccupation : la gestion et le maintien des équilibres budgétaires.

Les conditions de travail actuelles sont difficiles pour tout le monde, même s'il ne s'agit pas des mêmes difficultés. Le découragement peut nous guetter devant l'accumulation des problèmes à résoudre. Mais je suis convaincue que la meilleure garantie de l'obtention de résultats sur le terrain et d'un réel travail d'équipe au sein de l'établissement est l'existence d'une équipe et d'un projet au niveau des cadres eux-mêmes.

En sortant de la réunion, je croise la fille de Mme T., qui est catastrophée de l'aggravation de l'état de désorientation de sa mère ; aujourd'hui, cette dernière ne l'a pas reconnue. Je sens qu'elle a besoin de parler du choc que cela lui a fait et de la souffrance qu'elle vit dans le moment présent. Nous prenons le temps pour cela. Combien de larmes retenues finissent par couler dans mon bureau... J'ai toujours, à portée de main, un paquet de mouchoirs en papier, la cafetière prête à fonctionner, une cigarette pas loin. La qualité de l'accompagnement tient parfois à des petits détails de ce genre.

Le temps de déjeuner assez rapidement, et je

rejoins la réunion hebdomadaire de service qui a lieu au premier étage. Ces réunions permettent de faire un tour un peu plus détaillé de tous les résidants du service. Mais, ne nous leurrons pas : une heure pour soixante, soixante-dix résidants, c'est dérisoire. Autant dire qu'il n'est pas question de prétendre élaborer de réels projets individualisés ; tout au plus évoquons-nous les problèmes les plus importants, soit médicaux, soit comportementaux. C'est également à ce moment que peuvent être transmis, par les uns ou les autres, quelque information importante à propos d'une personne ou de sa famille. C'est là que peut être formulée la demande d'un suivi plus rapproché de certaines personnes, soit par moi-même, soit par les animatrices qui participent également à la réunion. Il arrive, de temps en temps, que ces réunions soient consacrées au fonctionnement du service, ou à un thème plus précis qu'il a paru important de traiter à ce moment-là, comme, par exemple, la conduite à tenir face à certains problèmes posés par des résidants, des familles.

À peine la réunion terminée, je suis appelée à l'administration. À l'accueil, je trouve le beau-frère et la belle-sœur d'un résidant qui doit entrer demain dans l'établissement. Elle a du mal à contenir ses larmes. Ils ont décidé le placement de M. B. car il ne peut plus vivre seul, mais, pour l'instant, ils n'ont pas osé lui dire qu'il s'agit d'une maison de retraite ; ils lui ont simplement parlé d'un séjour dans une maison de repos, après lequel il rentrerait chez lui. Je parle un long moment avec eux de ce qui les a conduits à la décision de placement et de l'histoire de M. B. dans les derniers mois. Nous évoquons ce qu'ils se sentent capables ou non de lui dire précisément, et convenons qu'ils l'informent qu'il va dans une maison de retraite pour se reposer, mais que, dans une maison de retraite, on n'y reste pas forcément définitivement.

Lorsqu'il ira mieux, ils discuteront ensemble et avec le médecin de son avenir. Je leur demande donc de ne pas lui dire qu'après il rentrera chez lui, puisque, en l'état actuel des choses, ce n'est pas ce qui est envisagé. Nous avons, me semble-t-il, trouvé un compromis entre le mensonge et l'annonce d'un placement définitif, dont ne se sentent pas capables de parler les parents de M. B. Nous essaierons d'aller progressivement vers une discussion plus franche, si M. B. doit effectivement rester dans l'établissement.

Nous avons ainsi toujours à composer entre les pratiques qu'il serait souhaitable de développer, comme, par exemple, l'association de la personne âgée à la décision d'entrée en maison de retraite, et la réalité : la famille n'est pas capable de dire la vérité tout de suite, le résidant arrive de l'hôpital sans que nous ayons pu avoir le moindre contact avec un proche ou avec le tuteur. Faudrait-il que l'établissement, s'il en avait les moyens, prenne des positions beaucoup plus radicales en refusant toute entrée non préparée ? Je n'ai pas la réponse à cette question. Je sais simplement qu'il est important que nous tentions de faire un travail en amont du placement, mais que, pour l'instant, c'est encore très difficile d'y parvenir.

Alors que je remonte dans mon bureau, je croise M. L., l'époux d'une de nos résidantes atteinte de la maladie d'Alzheimer. Il vient très souvent voir sa femme. Il est avenant, souriant, sympathique ; il est très communicatif et témoigne d'une extrême gentillesse à l'égard de l'ensemble du personnel. Il s'occupe de sa femme avec beaucoup d'attention, de délicatesse et de tendresse. Il a eu l'occasion de me parler de l'accompagnement qu'il a tenté de maintenir le plus longtemps possible à domicile ; et puis, un jour, c'est devenu trop difficile. Il me parle aussi de sa solitude face à la maladie de son épouse, ce qui est, pour lui, le plus difficile à vivre. L'autre jour, je l'ai croisé dans le jardin en compagnie de sa femme et je suis allée les saluer. Il avait une mine réjouie, comme je ne lui avais jamais vue, bien qu'il sourie très souvent. « Aujourd'hui, elle m'a appelée par mon prénom ! Ça fait des mois que ça ne lui est pas arrivé. D'habitude, elle me reconnaît, plus exactement, elle montre qu'elle me connaît, mais elle ne sait plus que je suis son mari. Et aujourd'hui, elle m'appelle par mon prénom ! » Je ne crois pas que M. L. se soit leurré sur cet événement en pensant que ce qui pouvait apparaître comme une relative amélioration durerait. Mais j'ai senti combien cette reconnaissance était importante pour lui, et la profonde joie qu'elle lui a occasionnée m'a touchée. Il m'arrive souvent de vérifier combien la non-reconnaissance par un proche est douloureuse pour la famille.

Cependant, aujourd'hui, M. L. est catastrophé. En arrivant, il a trouvé, pour la première fois, son épouse attachée sur un fauteuil. Il n'exprime aucune animosité vis-à-vis de l'établissement et du personnel, mais je sens de la souffrance. Je vais en quête d'informations plus précises. Mme L. a été vue par le médecin psychiatre qui intervient tous les mois dans l'établissement pour un problème d'agressivité : elle a un nouveau traitement pour la calmer ; mais, la veille, à cause de la somnolence induite par ce nouveau traitement, elle a fait une chute ; sur prescription médicale, elle a donc été attachée pour éviter une nouvelle chute. Je donne ces informations à M. L. tout en lui disant que je vais m'informer sur ce problème d'agressivité dont je n'avais jusque-là jamais entendu parler. Sur le cahier où sont inscrites les personnes qui sont à présenter en consultation au médecin psychiatre, il est noté : « Agressivité au moment de la toilette. » Je m'étonne qu'un problème qui semble aussi ponctuel ait justifié une consultation de psychiatre et un traitement, alors que la difficulté n'a jamais été évoquée en réunion de service. Je rencontre des aides soignantes qui me disent s'être occupées de la toilette de Mme L. et ne pas avoir eu de problèmes particuliers. « Elle est parfois un peu agressive et elle ne se laisse pas toujours faire, mais si on revient un peu plus tard, ou si on lui parle d'autre chose, ça se passe à peu près bien. » D'autres soignants disent avoir été mordus par Mme L.

Il me semble que nous sommes dans un problème relationnel entre certains soignants et une résidante, peut-être lié à la pudeur de Mme L.

Je retourne donc voir M. L. et j'en profite pour l'interroger sur le comportement qu'elle avait au moment de la toilette, lorsqu'elle était encore à domicile. Il me confirme qu'elle a toujours été d'une très grande pudeur pendant toute sa vie et qu'il lui arrivait, à lui aussi, d'avoir quelque difficulté au moment de lui faire sa toilette. À la fin de notre conversation, M. L. semble un peu soulagé, et son visage s'est détendu.

Effectivement, quelques jours plus tard, le traitement de Mme L. sera revu à la baisse, ce qui permettra d'éviter la contention.

Depuis, dans l'établissement, un protocole concernant les contentions a été mis en place.

Les problèmes relationnels entre personnels et résidants sont nombreux dans les établissements comme les nôtres. Ils prennent d'autant plus d'importance que nous accueillons de plus en plus de personnes confuses, démentes ou malades psychiatriques de longue date. Si des formations à la relation et à la communication avec ces personnes sont mises en place, elles ne sont pas suffisantes pour réellement intégrer les attitudes, voire les techniques recommandées. Chaque situation vécue est différente, simplement parce que les personnes en jeu ne sont pas les mêmes. Qui plus est, l'être humain est beaucoup plus complexe que toutes les techniques destinées à faciliter son approche. Il faudrait donc pouvoir analyser davantage, et en équipe, les difficultés rencontrées : Se posent-elles avec tout le monde ? Se présentent-elles dans certaines circonstances plutôt que d'autres ? À certains moments de la journée bien particuliers ? Sont-elles récentes ? A-t-on connaissance d'événements ayant pu avoir une influence sur l'humeur de la personne ? Quel était le caractère du résidant avant son entrée dans l'établissement ? De nombreux points seraient à aborder pour tenter de comprendre et donner du sens à ce qui se passe. Mais, vous l'avez compris, le temps manque. Alors nous faisons avec les moyens du bord et passons, parfois, comme c'est le cas dans ce que je viens d'évoquer, à côté de problèmes qui pourraient être relativement simples à résoudre autrement que par leur médicalisation, même si je travaille dans un établissement qui fait le maximum pour éviter la camisole chimique comme outil rapide et efficace de résolution des problèmes. Quant à moi, je fais du replâtrage et je saisis quelquefois une situation au vol pour pousser la réflexion un tout petit peu plus loin.

Qui a parlé de qualité de vie ?

Aujourd'hui est un jour où le problème des toilettes est très présent ! J'en ai à peine fini avec M. L que je croise, dans un autre service, une aide soignante vociférant toute seule dans les couloirs. L'interpellant pour savoir ce qui se passe, elle me dit que Mme N. refuse d'aller prendre la douche, qu'elle en a assez de tous ceux qui ne veulent jamais se laver, que c'est bien beau de parler et de tenter de négocier, mais que ça ne marche pas toujours. Et elle termine en me disant : « Au moins, à l'hôpital psychiatrique, ils font moins de détails. Quand il y en a qui refusent la douche, il y a deux infirmiers de bonne taille qui viennent et emmènent la personne sous la douche ! » Je lui demande si elle souscrit à ces méthodes et si elle serait prête à faire de même. « Tout de même pas ! » me répond-elle. Me voilà rassurée ! Je sais que le problème de la douche n'est pas simple : nombre de personnes âgées manifestent beaucoup de réticences et ont tendance à se négliger avec l'âge ; d'autres refusent certains jours, mais acceptent le lendemain ou le surlendemain ; d'autres encore ne veulent être lavées que par Untel ou Unetelle. Les douches se font l'après-midi, pour des raisons d'organisation. Je sais que la gestion du planning des douches demande beaucoup de patience : ce ne sont jamais les personnes prévues qui viendront, il faudra aller en solliciter certaines plusieurs jours de suite avant qu'elles acceptent, tomber sur le « bon » jour, pourparler parfois un long moment. Je sais que certains posent des problèmes d'hygiène. Mais, là non plus, je n'ai pas de solution miracle. Certains fervents défenseurs des droits et libertés des personnes âgées prétendent que, dans ces cas-là, il ne faut pas agir. Je dois dire qu'en ce qui me concerne je n'ai pas de réponse unique : chaque cas est à étudier séparément lorsqu'il y a vraiment problème, mais, dans une collectivité, la question de l'hygiène corporelle et vestimentaire ne me semble pas se poser tout à fait exactement de la même manière qu'à domicile.

Enfin, après tous ces événements, je peux enfin remonter dans mon bureau afin de mettre à jour quelques notes. Juste un petit bonjour au passage à Mme C., que je n'ai pas pris le temps d'aller voir plus longuement depuis déjà un certain temps. Mme C. me gratifie d'un : « Vous m'êtes sympathique. » Puis, elle ajoute : « Je sais que vous n'êtes pas croyante, mais je prie pour vous, fort, fort, et j'espère que ça va se réaliser. Il y a peu de gens sympathiques, alors quand on en trouve, on leur donne beaucoup, beaucoup, beaucoup. Votre visite sera mon petit bonheur de la journée ». Mme C., très croyante, a une approche de la vieillesse un peu différente de celle de la plupart de nos résidants. Elle en parle en disant : « Quand on est jeune, on a la force physique. Dans la vieillesse, on gagne en sagesse, en expérience, en vie intérieure. On acquiert de la richesse à l'intérieur de soi. »

La journée est finie ! Enfin, je le crois !

Dans le jardin, je trouve un agent administratif en train d'essayer désespérément de faire remonter un résidant, M. B., pour le repas du soir. Ce dernier ne veut rien entendre : il est très bien dehors, et d'ailleurs, il n'a pas faim. M. B. est un habitué du genre. Nous discutons un moment, je fais un tour dans le jardin avec lui, puis j'essaie de le ramener progressivement vers le hall. Certains jours, cette technique fonctionne, mais pas aujourd'hui ! Qui plus est, il arrive que, devant l'insistance, M. B. devienne agressif, verbalement et physiquement. Il ne nous reste plus alors que le recours à la force : deux hommes sont appelés ; ils viennent avec une voiture et remontent M. B. en passant par la sortie de secours. Je dois dire que je n'aime pas beaucoup avoir recours à de telles pratiques. Certes, nous pourrions peut-être laisser ce résidant dans le jardin – ce que nous avons déjà fait un moment –, attendre qu'il veuille bien rentrer et mettre son repas au chaud en attendant. Mais, le soir, le personnel est très peu nombreux, le maintien au chaud du repas dans de bonnes conditions d'hygiène est compliqué, et l'ensemble du personnel (soignant, de cuisine, de salle à manger) serait obligé de décaler ses horaires en fonction de M. B. Je vois déjà les théoriciens modèles de la gérontologie qui n'ont jamais vécu le quotidien d'une institution ou qui ne savent pas vraiment ce qui se passe dans leur établissement lever les bras au ciel ! « Mais enfin, c'est l'institution et l'organisation du personnel qui doivent s'adapter aux résidants et non les résidants qui doivent s'adapter à l'institution ! » Oui, mais, que voulez-vous, la réalité est juste un tout petit peu plus complexe que ce que vous voulez bien le laisser croire.

Pour revenir à M. B., je l'accompagne après son retour un peu forcé. Il refuse d'aller à la salle à manger ; je reste donc avec lui dans la salle de vie ; nous parlons un moment et, au bout d'une vingtaine de minutes, il accepte d'aller à table. Il s'est calmé, mange volontiers et me dit que le repas est très bon. Je le quitte et lui dis au revoir ; il me serre la main chaleureusement et me dit : « Merci ! »

Cette fois, je pars pour de bon !

Ce soir-là, en rentrant, je pense à toutes ces violences institutionnelles que nous faisons subir plus ou moins volontairement aux personnes âgées. Comme se le demandait le professeur Robert Hugonot lors d'une journée d'étude sur la maltraitance : « Existe-t-il des institutions au-dessus de tout soupçon ? » Comme lui, je ne le crois pas. La maltraitance des personnes âgées est un problème bien plus complexe que nous pourrions le penser de prime abord. Car, si la maltraitance liée à des pratiques indignes de la part de certains soignants et de certaines institutions est importante à appréhender, dénoncer et prévenir, il ne faudrait pas qu'elle soit l'arbre qui cache la forêt de toutes les violences institutionnelles liées à l'absence de prise en compte de l'histoire de la personne âgée, à l'ignorance de son rythme de vie et de ses habitudes antérieurs, faute de moyens.

Un important et long travail est encore devant nous. Mais il faudra bien que chacun, au niveau qui est le sien, s'y mette, prenne conscience de sa propre responsabilité et arrête de rejeter toute la responsabilité, voire la faute, sur les établissements.

Tout aussi difficile qu'il soit parfois, j'exerce un

beau métier, parce que j'ai la certitude de contribuer, très modestement, à rendre la vie de quelques résidants un tout petit peu plus douce, l'espace de quelques instants. Je reçois de nombreuses gratifications de la part des résidants à propos de nos échanges, telles que : « Lorsque je vous vois, après je passe une bonne journée », ou bien : « Quand vous me rendez visite, c'est comme si je voyais quelqu'un de ma famille », ou encore, après mes congés : « Mais où étiez-vous ? Cela fait un siècle qu'on ne vous a pas vue ! Je m'inquiétais, je croyais que vous étiez malade ! J'ai même demandé à l'infirmière ce qui vous arrivait ! » Les familles et le personnel évoquent souvent aussi le soulagement et le mieux-être qu'a provoqués en eux l'écoute, par une oreille qui se veut attentive, de leurs difficultés du moment.

Mais, si toutes ces paroles sont source de gratification, elles m'effraient parfois un peu aussi. Quel profond isolement doivent vivre tous ces résidants qui se raccrochent à quelques paroles échangées avec moi ou avec un membre du personnel et à qui quelques bribes d'attention, d'intérêt et d'écoute suffisent à passer une bonne journée ! Je sais bien que, de par ma formation et ma relative neutralité, je n'ai pas la même écoute qu'un proche et qu'on peut peut-être me dire des choses qu'on ne dirait à personne d'autre, mais quand même... Je ne crois pas que nous vivions « une époque formidable » du point de vue de la qualité des relations humaines.

Toujours est-il que le travail en maison de retraite me permet d'être un peu plus présente à ma propre vie, aux petits détails qui construisent une existence et à tout ce qui me permettra peut-être un jour de dire : « J'ai eu une belle vie, et je suis contente de ce que j'ai fait. »

Je crois aussi que je m'intéresse de plus en plus aux réalités, que je mesure davantage, de jour en jour, l'importance de tenir le discours de la vérité sur ce que sont réellement nos établissements d'hébergement pour personnes âgées. Et j'ai envie de conclure en citant, une fois de plus, Christian Bobin : « Je ramène de la maison de long séjour un besoin de toucher, ne serait-ce que furtivement, l'épaule de ceux que je rencontre, et une méfiance accrue des beaux discours. »

Les vieux en colère : « Les médias ne nous aiment pas ! »

J'ai rêvé cette nuit que toutes les personnes très âgées, dépendantes, malades, démentes descendaient soudain dans la rue pour manifester ! Se retrouvaient là des personnes âgées vivant encore chez elles, mais très isolées et qui n'étaient pas sorties de leur appartement depuis des années, toutes celles vivant à domicile mais dont on ne se soucie guère, toutes celles qui vivent sans grandes ressources, avec le minimum vieillesse (c'est bien connu, les vieux n'ont plus besoin que du strict minimum) qui, entre nous soit dit, ne permet certainement pas de mener une vie décente. Se retrouvaient également là de nombreux résidants de maisons de retraite publiques et privées. Un vaste mouvement de contestation et de revendication s'était fait jour dans le pays. Le nombre des slogans était à la mesure du temps que les personnes âgée avaient mis pour réagir : « Nous voulons des conditions de vie décentes », « Nous voulons pouvoir vivre à notre rythme, nous lever et nous coucher quand bon nous semble, pouvoir manger ce qui nous fait plaisir, continuer à avoir des activités si nous le souhaitons et qu'on arrête de nous contraindre à nous activer quand nous n'en avons pas envie », « Nous voulons que la presse parle de nous et ne s'intéresse pas qu'aux gens jeunes, beaux et riches »,

« Nous ne voulons pas que les maisons de retraite redeviennent les hospices d'antan, accueillant tous les malheureux dont on ne veut nulle part (malades psychiatriques, S.D.F., éthyliques) », « Nous voulons que les établissements disposent de suffisamment de personnel pour s'occuper de nous, nous accompagner, parler un peu avec nous », « Nous voulons être respectés, entendus », « Assez de beaux discours, des actes ! »...

Cette grande manifestation laissa pantois de nombreux citoyens : qui leur avait parlé un jour de toutes ces personnes qui ne peuvent plus se faire entendre elles-mêmes ? Comment se faisait-il que cette population ne se soit pas trouvé de porte-parole ? Les femmes, les chasseurs, les pêcheurs, les ouvriers, les chômeurs ont bien pris la parole un jour, eux. Même les chiens de tous poils, les bébés phoques, les dauphins, les ours ont trouvé quelqu'un pour les défendre ! Quant à la nature, présentée depuis longtemps comme un système organique vivant, plus personne ne conteste qu'il faille la protéger et la respecter...

Quelle est cette société qui se soucie davantage de ses chiens, de ses chasseurs, de ses espèces végétales que de ses vieux ? Une difficile prise de conscience venait d'avoir lieu... La presse populaire s'empara immédiatement du sujet à travers des titres racoleurs et en s'instaurant comme le nouveau porte-voix de cette population oubliée. Et pourtant, il y avait quand même bien eu des journalistes pour mettre à la une de l'actualité certains événements pointant quelques dysfonctionnements : incendies dans des établissements d'accueil, maltraitance de la part du personnel, cocktails soporifiques pour calmer les esprits agités jusqu'à les endormir définitivement, euthanasie, personne âgée découverte morte à son domicile depuis plusieurs semaines, sans que personne s'en soit aperçu... Mais ces événements mis sous les feux de l'actualité n'avaient bien souvent servi qu'à dénoncer des situations extrêmes sans évoquer le problème général des établissements d'accueil pour personnes âgées. Il n'avait jusqu'alors jamais été question de toutes les institutions qui se battent pour garantir aux résidants une qualité de vie minimum malgré l'absence scandaleuse de moyens humains et financiers, malgré des normes de sécurité de plus en plus draconiennes tendant à faire des établissements des lieux aseptisés où le « zéro risque » deviendrait l'indicateur essentiel de la qualité.

Ceffe fois, à travers l'organisation de cette manifestation, les vieux prenaient enfin la parole sur ce sujet. Un journaliste avait tendu son micro au milieu de la foule :

– Moi, dans la maison où je suis, on m'a dit que je pouvais apporter mes meubles ; mais ma lampe de chevet, je n'ai pas pu la garder parce qu'elle n'était pas conforme !

– Et moi, mes si jolis rideaux que j'aimais tant ont dû être mis au rebut : que voulez-vous, s'ils avaient pris feu...

– Mon fils, lorsqu'il vient me voir, n'a même pas le droit de m'apporter un mille-feuille comme je les aime, parce qu'on ne sait pas ce qu'il y a dedans et s'il a été conservé bien au frais. Il va bientôt falloir que les familles des résidants achètent une voiture réfrigérée pour nous apporter ce que nous aimons !

– C'est tout juste si on a le droit d'aller et venir à notre guise, et de prendre les escaliers au lieu de l'ascenseur : des fois qu'on tombe et que le personnel soit mis en cause pour défaut de surveillance ! On a quand même passé l'âge d'être surveillé toute la journée : on a peur qu'on tombe, on a peur de nous perdre, on a peur que l'établissement prenne feu, on a peur qu'on mange quelque chose de pas frais... On a bien vécu avant sans toutes ces restrictions... et on est encore là ! On a quand même bien le droit de prendre quelques risques !

Jusqu'alors, les directives des instances de tutelle étaient claires : « Pas de vagues. » Quant à la qualité de l'eau, à l'état du bateau et de son personnel, à la charge de travail générée par le type de clients accueillis, aux passagers du bateau eux-mêmes, tant qu'il n'y avait pas de tempête ni de naufrage, pourquoi s'en soucier vraiment, autrement qu'à travers des vœux pieux ? Les médias se souciaient des personnes âgées comme des pétroliers et des plages bretonnes avant la catastrophe de l'Érika... On ne semblait se souvenir de leur existence que lorsqu'une tragédie se produisait. Mais les établissements d'accueil pour personnes âgées n'avaient pas encore eu leur marée noire qui pourrait faire parler d'elles un peu plus de quelques jours.

C'est peut-être la raison pour laquelle les vieux avaient enfin décidé de prendre en main leur devenir et avaient défilé en masse, provoquant un vaste mouvement de prise de conscience. Qu'est-ce qui avait pu générer un tel « miracle » permettant à des milliers de personnes très dépendantes de trouver la force et l'énergie de descendre dans la rue ? Peut-être la puissance de la colère ? Ou la solidarité qui s'était instaurée avec les professionnels œuvrant auprès de cette population et qui s'étaient joints à la manifestation pour apporter leur aide. Il y eut, bien entendu, des journaux à scandale pour porter à la une de leur hebdomadaire des titres du genre : « Une nouvelle eau de Jouvence fait des miracles ! »

Mais un déclic s'était bel et bien produit, et les choses ne pourraient plus rester en l'état...

Mon rêve s'est arrêté là...

Mais je me mis à anticiper à partir de ce scénario. J'imaginais le début d'un roman de science-fiction dont l'action se déroulerait dans quelques dizaines d'années : ce qu'on appelait communément l'augmentation de « l'espérance » de vie, et qui n'était souvent qu'un allongement de la durée de vie, sans plus aucun espoir de joie et de bonheur, était devenue phénoménale. Les « cent-vingtenaires » ne faisaient même plus la une des journaux tant ils étaient devenus nombreux. On ne savait même plus comment les appeler : après avoir parlé de troisième âge, puis de quatrième âge, de personnes dans le grand âge, fallait-il évoquer « le sixième âge » ? Toujours est-il que ces personnes n'avaient de cesse de revendiquer autour d'un seul slogan : « Nous voulons mourir plus jeunes ! » Les progrès de la médecine avaient fait de tels bonds qu'une grande majorité de la population devenait désormais centenaire. Mais l'amélioration des conditions de vie de cette population du « sixième âge » n'avait pas suivi le même développement, ce qui expliquait la demande actuelle exprimée par les grands vieillards. Il faut dire que ces personnes coûtaient excessivement cher à la société : l'âge de la retraite avait beau avoir été repoussé à 70 ans, il n'en restait pas moins qu'elles devaient être rémunérées sans rien faire pendant quarante ou cinquante ans ; qui plus est, elles ne consommaient plus beaucoup, car leur état de santé n'était guère florissant ; il avait même fallu doubler le nombre de places en maisons de retraite, ce qui avait fait exploser les budgets de la santé et des affaires sociales.

En haut lieu, on commençait à s'interroger sérieusement sur la pertinence de la revendication de ce « sixième âge » : ne vaudrait-il pas mieux, en effet, laisser les gens mourir plus jeunes, en ne les soignant plus à partir de... C'est là que les problèmes commençaient ! À partir de quel âge ? Dans le plus grand secret, un comité d'éthique avait été créé et se penchait activement sur ces questions...

J'arrêterai là les rêves et la science-fiction pour raconter une petite histoire, bien réelle celle-là.

Il était une fois une petite bourgade aux alentours d'une grande ville du sud de la France, qui avait pour particularité d'accueillir sur son territoire un grand nombre de maisons de retraite. Un journaliste découvrit un jour cette spécificité et, ayant pour projet de réaliser un documentaire sur les personnes âgées, vint sur place repérer s'il pouvait y avoir quelque intérêt à situer son reportage dans cette commune paisible. Il se trouva que ce journaliste charmant rencontra le directeur de la maison de retraite publique implantée à cet endroit. Le directeur lui parla du travail conduit dans l'établissement qu'il dirigeait et du projet assez original qui était en cours de réalisation. Le journaliste, très intéressé, semblait-il, demanda de plus amples informations à l'équipe de direction de l'établissement.

Plusieurs semaines passèrent avant que le reporter ne redonne signe de vie. Il lui avait fallu le temps de donner corps à son projet de reportage et d'en négocier le contenu potentiel avec son producteur, mais il allait venir prochainement filmer dans plusieurs établissements de la commune.

Ce projet fit l'objet d'un débat dans l'équipe de direction ; une chose était sûre : il n'y avait rien à cacher sur la réalité de l'établissement, il semblait même qu'il puisse y avoir des réalisations intéressantes à montrer. Et puis le journaliste faisait l'unanimité : l'équipe l'avait « bien senti », il ne semblait pas être de cette race prête à se jeter sur n'importe quelle proie susceptible d'attirer des téléspectateurs. Peut-être le reportage permettrait-il d'aborder le problème du grand âge autrement qu'à travers des tragédies et des pratiques condamnables mises épisodiquement en plein jour.

Le journaliste charmant débarqua un jour avec assistant, caméra et micros. Bien que n'étant pas très au clair sur le fil conducteur du reportage, il filma des heures et des heures dans différentes maisons de retraite et au club de troisième âge de la commune.

Toutes les portes de l'établissement lui avaient été ouvertes, il avait accès à tous les moments de vie pour peu que cela ne porte pas atteinte à la dignité des résidants et que cela se fasse avec leur accord. Il semblait témoigner d'une profonde humanité et d'un grand respect dans son approche des résidants et du personnel.

Les images s'accumulant, le directeur interrogea le journaliste charmant sur la question du droit à l'image et du document d'accord, croyait-il savoir, que devait signer chaque personne qui apparaîtrait dans le reportage. Celui-ci répondit que, bien sûr, c'était la loi, mais que cela ne se pratiquait que très rarement... Il ne ferait donc signer au directeur qu'un document global pour tout le monde. Quant à la possibilité pour l'équipe de l'établissement de visionner le reportage avant sa diffusion, cela n'était pas envisagé... Mais un climat de sincère et franche collaboration régnait, n'est-ce pas ? Et puis, nous avions affaire à une chaîne « culturelle » et non pas commerciale ! Le journaliste charmant avait su faire ce qu'il fallait pour gagner la confiance de tout le monde.

À la fin du tournage, personne n'en savait davantage sur ce qui ferait l'ossature du reportage. Dans les mois qui suivirent sa venue, le charmant journaliste téléphona régulièrement au directeur pour le tenir au courant de l'avancée du montage, tout en restant très flou, et surtout, disait-il, pour prendre des nouvelles des résidants et du personnel qu'il avait rencontrés.

L'émission fut enfin programmée. Le directeur n'avait jamais reçu de document d'autorisation à signer... La critique que je lus dans mon journal télé préféré était peu engageante.

Le reportage suscita diverses réactions, dont de la colère pour un certain nombre de personnes dont je faisais partie. Nous n'assistions qu'à une juxtaposition d'images prises dans différents établissements et complètement sorties de leur contexte, vaste amalgame de pratiques, pour certaines témoignant d'un profond respect des personnes âgées, pour d'autres, tout au moins telles qu'elles étaient présentées, très contestables.

Mais rien sur la problématique globale des établissements d'accueil pour personnes âgées.

Rien sur notre projet et l'important travail de réflexion et d'évolution des pratiques qui, au départ, avaient soi-disant suscité l'intérêt du reporter et provoqué sa venue dans l'établissement.

Quant à ce qu'avait voulu dire le réalisateur, il était bien difficile d'en percevoir le sens, mis à part le fait que c'était « terrifiant » de vivre en maison de retraite (comme le souligna après le reportage la journaliste qui présentait l'émission) et que la commune qui accueillait tant d'établissements sur un si petit territoire était un véritable mouroir. Après de telles images, l'invité, auteur d'un livre sur les personnes âgées, eut beau jeu de dire que cela ne se passait pas comme cela partout, qu'il y avait des endroits où étaient élaborés de réels projets de vie, une intéressante politique de formation du personnel... Bref, tout ce que nous avions dit et montré, et qui n'apparaissait pas dans le reportage...

Certes, les images de notre établissement étaient finalement assez positives, comparées au reste des pratiques présentées... Mais qu'importe ? Nous avions une nouvelle fois la preuve qu'on fait dire aux images ce qu'on a envie de leur faire dire, par la seule façon dont elles sont montées, par le type de commentaire ou le silence qui les accompagne, par le contexte dans lequel on les met...

Quant au journaliste charmant, nous prenions brutalement conscience qu'il s'était transformé en journaliste peu recommandable qui nous avait tous bernés. Comme par hasard, après la diffusion, nous n'entendîmes plus jamais parler de lui : ni pour savoir comment nous avions reçu l'émission, ni pour prendre des nouvelles des résidants et du personnel qui semblaient avoir tant compté pour lui jusqu'à la diffusion et qui, soudain, n'avaient plus aucun intérêt..., ni pour nous reparler du projet de réalisation d'une cassette à partir des images tournées dans l'établissement et qui aurait pu être montrée aux résidants...

Ce sont bien les journalistes qui ont le pouvoir lorsqu'ils ont des images dont ils peuvent faire ce qu'ils veulent et auxquelles ils peuvent faire dire n'importe quoi.

Le bilan de l'opération fut rapidement fait : du temps, beaucoup de temps perdu en réunions et rencontres avec le réalisateur, un résultat nul, des conséquences dans l'établissement qui demandèrent temps et énergie pour les gérer... Cette expérience aura au moins eu le mérite de nous servir de leçon : il ne faut surtout pas jouer la transparence et l'ouverture ! Messieurs les journalistes sans foi ni loi, ne vous étonnez pas si vous avez quelques difficultés à rentrer dans certains lieux : vous n'avez que le juste retour de vos pratiques on ne peut plus contestables !

À travers cette anecdote, mon souci est simplement de montrer comment certains sujets de société, fondamentaux à mon sens, sont traités par les médias.

Certes, tous les journalistes ne sont pas à l'image de celui que nous avons rencontré. Mais je n'ai jamais vu jusqu'à ce jour de reportage témoignant des différents aspects de la problématique du grand âge ; je n'ai jamais rien vu ni entendu sur le travail des professionnels travaillant auprès des personnes âgées, sur leur charge physique et psychologique, sur leur souffrance ; je n'ai jamais entendu parler du manque scandaleux d'effectifs pour conduire un travail de qualité digne de ce nom ; je n'ai jamais rien vu sur le travail et l'accompagnement des familles dans ces lieux ; je n'ai jamais entendu poser les vrais problèmes...

Il y a quelques mois est sorti un numéro de *Que choisir ?* sur les maisons de retraite. Je me contenterai de souligner que je trouve particulièrement regrettable qu'une revue destinée aux consommateurs fasse une classification des établissements (en attribuant des étoiles, comme pour les hôtels) presque exclusivement fondée sur la qualité et l'adaptation des locaux, sans prendre en compte la qualité de l'accompagnement et des soins... Comme si le critère essentiel de qualité de vie pour les personnes âgées était la beauté des locaux et que la chaleur des relations, le respect et l'attention, bref l'humanité, étaient tout à fait secondaires...

Certes, la maltraitance des personnes âgées doit être dénoncée ; certes, les négligences importantes de certains établissements en matière d'hygiène et de sécurité qui peuvent occasionner des drames doivent être débusquées et sanctionnées. Bien évidemment, certains établissements multipliant les publicités mensongères qui masquent des pratiques indignes et révoltantes doivent faire l'objet de contrôles beaucoup plus sévères.

Mais il faut aussi parler de tous ces personnels qui mettent au service des personnes très âgées et dépendantes leur compétence, leur efficacité, en leur consacrant beaucoup de temps et d'énergie et ce, avec des conditions de travail de plus en plus difficiles. Il faut parler de tous ces salariés passionnés qui sont de véritables « militants » dans ce secteur gérontologique encore trop souvent ignoré et laissé pour compte. Il faut aussi parler des familles confrontées au vieillissement, à la maladie de leurs parents et à leur placement en institution. Il faut aussi parler de tous ces établissements qui essaient, envers et contre tout, de faire progresser les pratiques et d'améliorer la qualité de vie des résidants dans les maisons de retraite. Il faut aussi donner davantage la parole aux personnes très âgées afin qu'elles puissent témoigner de leurs conditions de vie, de leurs difficultés et de leurs souhaits.

C'est, en partie, pour ces raisons, que j'ai choisi d'écrire ce livre, avec l'envie de montrer quelques aspects de la vie en maison de retraite du point de vue de différents acteurs. Avec l'espoir que ces quelques pages puissent donner le désir, la volonté à quelque réalisateur honnête de montrer des aspects de la vie en maison de retraite autres que ceux empruntés à la presse à sensation...

Conclusion

> « Les être humains ne naissent pas une fois pour toutes, mais la vie les oblige de nouveau, et bien souvent, à accoucher d'eux-mêmes. »
>
> Gabriel Garcia Marquez

Lorsque j'ai pris un poste de psychologue dans deux maisons de retraite, je ne connaissais le monde de la gérontologie que ponctuellement et partiellement, c'est-à-dire à travers des interventions brèves que j'effectuais au sein d'établissements, et par le filtre de ce que pouvaient m'en dire les professionnels que j'accueillais dans des sessions de formation que j'animais alors.

Tant que l'on n'est pas de façon durable et quotidienne dans une institution, je pense que l'appréhension que nous pouvons avoir de ce qui s'y passe est faussée et déformée. Je croyais donc à l'époque que le changement dans les pratiques quotidiennes, dans la qualité de vie des résidants et le respect de leur dignité pouvait être beaucoup plus radical et rapide. Il faut dire que lorsqu'on fréquente les colloques et congrès, on a le sentiment qu'il se fait de belles choses partout : des pratiques innovantes nous sont présentées, en général en faisant l'impasse sur toute la difficulté de leur mise en place et en laissant penser que dans les établissements où ont lieu ces expérimentations, tout est beau et rose. L'idée selon laquelle il suffit de vouloir pour pouvoir s'insinue alors discrètement dans votre esprit.

L'expérience s'est chargée de me remettre les pendules à l'heure sur le temps et les moyens nécessaires au changement, et mes illusions, sans s'être envolées, se sont confrontées à la dure réalité du quotidien des établissements.

Mon approche du changement dans les établissements gérontologiques a évolué, sous la pression de la prise de conscience de l'extrême complexité des situations et des enjeux.

Comme le souligne Geneviève Laroque : « C'est très difficile de faire fonctionner les institutions puisque, pour pouvoir faire fonctionner correctement des institutions, il faut avoir dedans des personnels d'une telle qualité qu'ils passent leur temps à bousculer l'institution et à la mettre en déséquilibre. Peut-être que la marche est une suite de chutes évitées et que la qualité institutionnelle est une suite de désordres canalisés [1]. »

Je suis convaincue que la gérontologie progressera – et elle l'a déjà fait de manière considérable –, mais beaucoup plus lentement que je ne pouvais le penser et l'espérer. Pour cela, il est nécessaire que chacun puisse mieux comprendre ce qu'est la grande vieillesse et la vie en institution, simplement, honnêtement, humblement. Il faut aussi ouvrir les yeux sur la réalité et que tout le monde accepte de reconnaître que, si nous pouvons peut-être améliorer quelque peu la vie de nos résidants, les effectifs et les budgets actuels ne nous permettent pas de faire de la qualité

1. Intervention à la journée d'étude sur la maltraitance organisée par l'association A.L.M.A. en février 2000.

de vie digne de ce nom. À moins que nous nous moquions des résidants lorsque nous parlons de qualité de vie et que nous ayons une si piètre image de la vieillesse, que nous considérons que nos vieux n'ont pas besoin de grand-chose pour être heureux : manger, dormir, être soignés, avoir éventuellement une activité récréative une heure par jour, faire une sortie tous les trois mois et parler dix minutes par jour ?

Mais il est également vrai que les politiques agissent sous la pression des citoyens. Il est donc urgent que l'opinion publique prenne conscience des importants problèmes de société que sont l'allongement de la durée de la vie et le développement des services aux personnes âgées à domicile et en institution.

Comme le souligne Bernard Goddet, « le vrai problème est là, la conscience politique du vieillissement ne progresse guère en France. Le refus irraisonné de se voir vieillir reste ancré au cœur de chacun. Il nous faut déjà réussir à le vaincre pour nous-mêmes, ce qui nous permettra de nous sentir responsables des autres. À partir de cette volonté de regarder la réalité en face, nous ferons de la chance de pouvoir vivre plus longtemps un privilège ou une servitude. Vieillesse épanouie ou exclue, nous en avons la pleine responsabilité, nous les actifs d'aujourd'hui... et les vieux de demain [1]. »

On ne peut mesurer le chemin restant à parcourir que lorsqu'on sait précisément où est le point de départ. Je souhaite seulement que mon livre, à travers les tranches de vie de résidants, de familles, de personnels, aide quelques personnes à comprendre où nous en sommes aujourd'hui. Comme y contribuent des écrits, telle cette lettre d'un lecteur de *Télérama*,

1. Éditorial du n° 14 de la revue *Soins Gérontologie* (septembre 1998).

réponse au courrier d'une autre lectrice ayant témoigné des difficiles conditions de fin de vie de sa grand-mère à l'hôpital :

« *Madame, vous nous avez fait part de votre désarroi au sujet des conditions du décès de votre grand-mère. Médecin chef d'un hôpital gériatrique, j'ai pris votre courrier en pleine figure. Votre révolte est totalement justifiée ; votre grand-mère, en effet, a été victime de violences, et notre quotidien à nous, soignants, c'est ce genre de violences. Parce que nous ne sommes pas assez attentifs, pas assez bien formés, pas assez disponibles. Mais avant tout, si nous souffrons de ces faiblesses, c'est parce que nous sommes en misère de tout. Misère de temps, misère d'effectifs, misère de matériel. Mes équipes consentent d'immenses efforts pour assurer le bien-être des patients qui nous sont confiés. Mais chez moi aussi on fait des travaux dans des chambres occupées : parce qu'elles sont toutes occupées. Chez moi aussi on fait attendre : parce qu'on ne peut plus assurer. Chez moi aussi les téléphones sonnent dans le vide : parce que je n'ai jamais eu de secrétaire. Et chez moi aussi, quand la fatigue est là, on s'agace. La violence que votre grand-mère a subie, c'est celle qui nous est faite jour après jour. Mais elle est morte. Votre détresse est notre honte. Il serait temps qu'elle soit notre rage*[1]. »

Pour ma part, je n'oublie pas que le métier de psychologue est, avant tout, un métier de relation humaine. Nous existons pour soutenir, aider les personnes, faciliter les relations entre les individus. Je n'ai pas souhaité, dans cet ouvrage, disserter de façon excessive sur de la théorie, parce qu'il est facile de rédiger des manuels du « bien savoir faire », des inventaires de « faut qu'on » et d'« y a qu'à ». Parler

1. Lettre de Michel Cavey dans *Télérama* nº 2658 (décembre 2000).

de ses propres pratiques est parfois autrement plus engageant et plus risqué. Combien d'auteurs s'aventurent réellement sur ce terrain ?

Ce n'est pas en nous mettant au-dessus de la mêlée pour donner des leçons du haut de notre piédestal que nous contribuerons à faire évoluer les conditions de vie des personnes âgées. L'être humain est beaucoup plus complexe que toutes les théories qui essaient de l'approcher et de l'expliquer. Nous sommes toujours face à des situations nouvelles et, bien qu'ayant plus de vingt ans de métier, il m'arrive toujours d'être confrontée à des problèmes que je qualifie de difficiles, il m'arrive toujours d'être dans le doute et la remise en cause. Bien que certains d'entre nous aient l'honnêteté de faire un travail sur eux-mêmes, nous ne sommes pas non plus au-dessus de la mêlée en ce qui concerne les émotions suscitées par le travail auprès des personnes âgées. C'est ce dont j'ai voulu témoigner dans cet ouvrage.

Nous sommes censés être des spécialistes de l'humain et de la relation ; alors, commençons à montrer que nous sommes, nous-mêmes, des humains parmi les humains, et considérons comme une priorité le fait de nous rendre « accessibles » pour n'importe quel être humain... C'est, à mon sens, la première de nos missions.

Mon seul souhait est que mon livre ait contribué, très modestement, à faire progresser un tant soit peu la nécessaire prise de conscience de l'ensemble de la population.

Table

Composition Nord Compo.
Impression CPI Bussière, février 2009
à Saint-Amand-Montrond (Cher)
Editions Albin Michel
22, rue Huyghens, 75014 Paris
www.albin-michel.fr

ISBN 978-2-226-13623-7
N° d'édition : 25792. – N° d'impression : 090295/4.
Dépôt légal : janvier 2003.
Imprimé en France.